Heinz Lothar Grob

Öko
Ein Unternehmensplanspiel

Springer Fachmedien Wiesbaden GmbH

Prof. Dr. Heinz Lothar Grob ist Inhaber des Lehrstuhls für Allgemeine Wirtschaftsinformatik an der Westfälischen Wilhelms-Universität Münster.

Die Deutsche Bibliothek – CIP-Einheitsaufnahme

Grob, Heinz Lothar:
Öko: ein Unternehmensplanspiel / Grob.

ISBN 978-3-663-10935-8   ISBN 978-3-663-10934-1 (eBook)
DOI 10.1007/978-3-663-10934-1

Die in diesem Paket vorgestellte Software wurde intensiv in der praktischen Anwendung getestet. Das Buch wurde mit der größten Sorgfalt hergestellt. – Der Verlag muß jedoch darauf hinweisen, daß es nach dem gegenwärtigen Stand der Technik nicht möglich ist, Computer-Software so zu erstellen, daß sie in allen Anwendungen und Kombinationen fehlerfrei arbeitet. – Aus diesem Grund übernehmen der Verlag und die Verfasser bzw. die Programmautoren keine Haftung für Fehlerfreiheit der Software. Insbesondere wird nicht gewährleistet, daß die Software den Anforderungen und Zwecken des Erwerbers genügt oder mit anderen von ihm ausgewählten Programmen zusammenarbeitet. So trägt der Erwerber auch die Verantwortung für Folgen aus der Benutzung bzw. Anwendung der Software. – Das gleiche gilt für das die Software begleitende schriftliche Material.

© Springer Fachmedien Wiesbaden 1993
Ursprünglich erschienen bei Betriebswirtschaftlicher Verlag Dr. Th. Gabler GmbH, Wiesbaden 1993

Lektorat: Barbara Marks

Das Werk einschließlich aller seiner Teile ist urheberrechtlich geschützt. Jede Verwertung außerhalb der engen Grenzen des Urheberrechtsgesetzes ist ohne Zustimmung des Verlags unzulässig und strafbar. Das gilt insbesondere für Vervielfältigungen, Übersetzungen, Mikroverfilmungen und die Einspeicherung und Verarbeitung in elektronischen Systemen.

Höchste inhaltliche und technische Qualität unserer Produkte ist unser Ziel. Bei der Produktion und Verbreitung unserer Bücher wollen wir die Umwelt schonen: Dieses Buch ist auf säurefreiem und chlorarm gebleichtem Papier gedruckt. Die Einschweißfolie besteht aus Polyäthylen und damit aus organischen Grundstoffen, die weder bei der Herstellung noch bei der Verbrennung Schadstoffe freisetzen.
Die Wiedergabe von Gebrauchsnamen, Handelsnamen, Warenbezeichnungen usw. in diesem Werk berechtigt auch ohne besondere Kennzeichnung nicht zu der Annahme, daß solche Namen im Sinne der Warenzeichen- und Markenschutz-Gesetzgebung als frei zu betrachten wären und daher von jedermann benutzt werden dürften.

Layout: Carmen Sicking

ISBN 978-3-663-10935-8

Vorwort

Im Mittelpunkt des Planspiels Öko steht eine Unternehmung, die eine Fülle von Entscheidungen mit ökonomischen und ökologischen Konsequenzen zu treffen hat. Mit dem Unternehmensplanspiel werden Konflikt- und Harmoniebeziehungen zwischen Ökonomie und Ökologie transparent gemacht.

Eine Besonderheit von Öko ist in seiner Ereignisorientierung zu sehen. Die einzelnen Perioden des Planspiels unterscheiden sich hierbei nicht nur durch geänderte Parameter, sondern insbesondere durch Ereignisse mit Überraschungseffekten. Dem Planspielablauf liegt also eine gewisse Dramaturgie zugrunde.

Die Planspielmethode, die mit dem Konzept einer Scheinfirma verknüpft wurde, bietet die Möglichkeit, betriebswirtschaftliche Fragestellungen unter ökologischen Rahmenbedingungen "spielerisch" kennenzulernen. Daß damit auch viel Spaß verbunden ist, sei an dieser Stelle nur angedeutet.

Das Begleitbuch zu Öko besteht aus *zwei* Teilen. Der *erste* Teil informiert über die didaktische Konzeption von Öko und gibt dem Moderator einige Hintergrundinformationen zum Planspiel. Außerdem werden organisatorische Fragen geklärt. Der *zweite Teil* enthält Informationen zur Steuerung des Spielverlaufs, Spielregeln, Vortragsvorlagen und praktische Hinweise für den Moderator. Darüber hinaus werden die wichtigsten Ein- und Ausgaben des Programms mit begleitenden Kommentaren und Tips dokumentiert. Dieser Teil gibt dem Moderator die Möglichkeit, dem Spielverlauf immer "eine Nase voraus" zu sein. Bei ersten Praxiseinsätzen dürfte sich dieses Verfahren des *vorauseilenden Blätterns* bewähren. Später läuft Öko wie von selbst.

Der *Anhang* enthält Unterlagen zur Erzeugung von Kopien für die Spieler.

Die erfolgreiche Verbreitung der ersten Fassung von Öko verdanke ich den Wirtschaftsjunioren NRW, die das Planspiel in den alten und in den neuen Bundesländern im Rahmen ihrer Öffentlichkeitsarbeit eingesetzt haben. Die unzähligen Erfahrungen der Moderatoren, vor allem von Frau Heidi Mohnberg, führten zu einer evolutorischen Weiterentwicklung von Öko.

Dankbar bin ich meinem wissenschaftlichen Mitarbeiter, Herrn Dipl.-Kfm. Frank Kersten, der die softwaremäßige Gestaltung der neuen Version von Öko engagiert vorangetrieben hat. Nicht zuletzt gilt mein Dank Frau Carmen Sicking, die für die redaktionelle Gestaltung und das Layout verantwortlich war und dabei nie die Geduld verloren hat.

Münster, im Dezember 1992

Heinz Lothar Grob

Geleitwort

Mit dem Öko-Unternehmensplanspiel haben die Wirtschaftsjunioren viele Jahre erfolgreich Öffentlichkeitsarbeit geleistet. Das Planspiel, das von Prof. Dr. Heinz Lothar Grob für die Wirtschaftsjunioren Nordrhein-Westfalen entwickelt worden ist, wurde weit über 1000mal an Schulen, Hochschulen und Unternehmungen eingesetzt. Öko hat seine thematische Aktualität und Attraktivität in dieser Zeit nicht eingebüßt - vielleicht sogar noch gesteigert.

Die Wirtschaftsjunioren sehen ihre Aufgabe darin, die Grundzüge der Marktwirtschaft anhand griffiger Fallbeispiele in Bildungs- und Ausbildungsinstitutionen einzubringen. Schülern den Realitätsbezug des sach- und gemeinschaftskundlichen Unterrichtsstoffes durch Einbeziehung von Themenfeldern aus den Bereichen Wirtschaft, Arbeit, Beruf, Technik und Umwelt besser zu vermitteln und so die Vorbereitung auf das zukünftige Berufsleben zu fördern, ist das erklärte Ziel der Wirtschaftsjunioren.

Ein Glücksfall für uns war die Begegnung mit Prof. Grob von der Universität Münster, der als Autor von Öko nicht nur ein betriebswirtschaftlich und informatisch ausgereiftes Softwareprodukt, sondern eine als geradezu spannend anzusehende Planspielgeschichte entwickelte. Die Gestaltung und Verbreitung von Öko ist ein Beispiel für positives Zusammenwirken von Hochschule und Wirtschaft. Diese Zusammenarbeit setzt sich bis heute fort und hat sich auch für die nächste Zeit schon wieder besondere Ziele gesetzt.

Die Veröffentlichung des Unternehmensplanspiels im Gabler-Verlag ist eine Reaktion auf das im Laufe der Jahre stark anwachsende Interesse an Öko. Die außerordentlich positive Resonanz in Fachöffentlichkeit und Presse trug sicherlich entscheidend dazu bei, Öko bundesweit bekannt zu machen. Inzwischen können die Wirtschaftsjunioren diesem breiten Zuspruch nicht mehr durch Einzelveranstaltungen an Schulen und anderen Bildungseinrichtungen nachkommen. Es war deshalb konsequent, über einen anerkannten Wirtschaftsfachverlag der breiteren Öffentlichkeit den Zugang zum Öko-Unternehmensplanspiel zu ermöglichen.

Wir wünschen jedem Anwender viel Spielfreude und das Erfolgserlebnis, seinen wirtschaftlichen Sachverstand positiv zu erfahren. Sich mit den vielschichtigen Beziehungen zwischen Ökonomie und Ökologie auseinanderzusetzen, ist eine Herausforderung für jeden, der die Dinge bewegen will.

Münster, im Dezember 1992

Dr. Carlo H. Borggreve
Landesvorsitzender
der Wirtschaftsjunioren NRW

INHALT

Teil 1: Konzeptionelles

1 Charakterisierung von Öko	3
2 DV-Voraussetzungen	5
2.1 Vorkenntnisse	5
2.2 Die Hardware-Ausstattung	5
3 Einführung in das Abrechnungsmodell	6

Teil 2: Der Spielverlauf

1 Organisatorische Vorbereitungen	17
1.1 Teambildung	17
1.2 Zeitplanung	19
1.3 Raumplanung	19
1.4 PC-Start	20
2 Vorstellung	22
3 Präsentation der Ausgangssituation	23
4 Die ersten Entscheidungen	28
5 Die Planspielperioden	33
1. Planspielperiode	33
2. Planspielperiode	50
3. Planspielperiode	59
4. Planspielperiode	80
5. Planspielperiode	107
6. Planspielperiode	113
6 Schlußbesprechung und Nachlese	122
7 Ausbaumöglichkeiten	126
Literaturempfehlungen	129
Anhang	133

präsentiert

Öko

Ein Unternehmensplanspiel

von Prof. Dr. H. L. Grob

© by GABLER-Verlag
Wiesbaden 1993

ISBN 3-409-12904-9

Bitte beachten Sie . . .

. . . Mit dem Kauf des Programms haben Sie das Nutzungsrecht für eine Installation erworben. Jede weitere Verwertung liegt außerhalb der engen Grenzen des Urheberrechtsgesetzes und ist ohne Zustimmung des Verlags unzulässig und strafbar.

Teil 1:
Konzeptionelles

1 Charakterisierung von Öko

Mit dem Unternehmensplanspiel Öko wird das Ziel verfolgt, einen Einblick in die Entscheidungsprozesse eines Industriebetriebes zu geben und dabei das Verhältnis von Ökonomie und Ökologie in den Mittelpunkt zu stellen. Sowohl *konfliktäre* als auch *harmonische* Beziehungen zwischen ökonomischen und ökologischen Aspekten werden in Öko herausgearbeitet.

Bei der Gestaltung des Planspiels wurde bewußt darauf verzichtet, den Anspruch eines globalen Management game, in dem "routinemäßig" *Top-Entscheidungen* zu treffen sind, zu befriedigen. Vielmehr wird für die typischen *Funktionsbereiche* eines Industriebetriebes betriebswirtschaftliches Knowhow vermittelt.

Die Planspielveranstaltung setzt sich in aus folgenden Komponenten zusammen:

- Entscheidungen in der Planspielunternehmung und Eingabe in den PC,
- Abrechnungsphase am PC,
- Vermittlung von Wissen durch den Moderator,
- Diskussion ökonomischer und ökologischer Probleme.

Die Verteilung der zeitlichen Gewichte einer Planspielveranstaltung auf die vier Komponenten liegt im Ermessen des Moderators, der in Abhängigkeit von seinen persönlichen Zielen Prioritäten setzen kann. Zwei Extremfälle sind denkbar: Das eine Extrem besteht darin, daß der Moderator das Planspiel automatisch ablaufen läßt. Lediglich zu Beginn der zweiten Phase muß er die "neue Situation" erörtern und zum Schluß die Siegerehrung vornehmen. Ansonsten fungiert er nur als Verteiler des Computer-Outputs. Der andere Extremfall ist darin zu sehen, daß der Moderator das Planspiel in jeder Phase dazu nutzt, ein Maximum an betriebswirtschaftlichen Lehrinhalten sowie Überlegungen zur ökologischen Unternehmensführung zu transferieren. Im Begleitbuch wird er hierzu Anregungen und Hinweise finden. Die Erfahrungen mit Öko in der Praxis haben gezeigt, daß die meisten Moderatoren einen *mittleren Weg* gehen.

2 DV-Voraussetzungen

2.1 Vorkenntnisse

Das Arbeiten mit Öko setzt an DV-Kenntnissen im Prinzip lediglich das Wissen über die Funktionsweise einer einzigen Taste voraus - der RETURN-Taste. Mit der RETURN-Taste werden Daten zur weiteren Verarbeitung an den Computer "abgeschickt".[1] Die Schritte durch das Planspiel werden automatisch gesteuert. Der Moderator bestimmt lediglich das Tempo - und zwar per RETURN-Taste. Anzuregen ist, vor dem ersten Planspieleinsatz ein oder zwei Perioden mit Testdaten durchzuspielen, um mit dem sequentiellen Ablauf vertraut zu werden.

2.2 Die Hardware-Ausstattung

Die Hardware-Ausstattung umfaßt:

- einen IBM-kompatiblen Personal Computer (mind. 512 KB Hauptspeicher),
- einen Drucker.

Das Programm ist unter dem Betriebssystem MS-DOS ab Version 3.0 lauffähig. Der PC sollte nach Möglichkeit mit einem farbigen Bildschirm ausgestattet sein. Falls keine Festplatte vorhanden ist, können die Dateien auch auf der dem Begleitbuch beigefügten Diskette gespeichert werden. Zur Speicherung auf Diskette ist ein 5 1/4" oder 3 1/2" Laufwerk erforderlich.

Noch ein Tip: Wegen des großen Papierverbrauchs im Laufe des Planspiels ist die Verwendung von *Umweltschutzpapier* zu empfehlen.

---

[1] Lediglich bei Ja/Nein-Eingaben wird zur Erhöhung des Komforts die RETURN-Taste nicht benötigt.

3 Einführung in das Abrechnungsmodell

Zur Vorbereitung der Planspielteilnehmer auf Öko wurde die folgende Fallstudie[1] entwickelt, die in das Abrechnungsmodell von Öko - eine kurzfristige Erfolgsrechnung - einführt. Die Fallstudie sollte den zukünftigen Planspielunternehmern frühzeitig an die Hand gegeben werden, damit betriebswirtschaftliche Grundbegriffe und das Rechnen mit Deckungsbeiträgen bei Beginn der ersten Öko-Veranstaltung bekannt sind.

Sie, verehrter Moderator, werden die Erfahrung machen, daß betriebswirtschaftliche Laien, die nie etwas von Vollkostenrechnung und Umlageverfahren gehört haben, die Teilkostenrechnung und das Rechnen mit Deckungsbeiträgen als selbstverständlich ansehen.

Nun noch einige Tips: Sie sollten den ersten Satz der Fallstudie ("Wenn Sie die folgende Aufgabe richtig gelöst haben ...") mit großem Tempo vorlesen, um die Teilnehmer mit der Fülle der Begriffe (von Preis bis Beschäftigungsgrad) zu "erschlagen". Um so mehr werden es Ihre Planspielteilnehmer genießen, nach ca. einer Stunde mit all diesen teilweise neuen Termini vertraut zu sein.

---

[1] Eine Kopierunterlage befindet sich in Teil 3.

Liebe Geschäftsführer in spe!

Wenn Sie die folgende Aufgabe richtig gelöst haben und wenn Ihnen die wichtigsten Grundbegriffe wie Preis, Umsatz, variable Kosten, fixe Kosten, Deckungsbeitrag, kalkulatorischer Gewinn, Produktionskoeffizient, Beschäftigung, Kapazität und Beschäftigungsgrad geläufig sind, fällt Ihnen der Einstieg in das Unternehmensplanspiel Öko erheblich leichter.

Und hier die **Aufgabe**.

Im letzten Monat sind die folgenden Produktionsmengen hergestellt und abgesetzt worden:

Produkt 1	180 Stück
Produkt 2	100 Stück
Produkt 3	110 Stück
Produkt 4	20 Stück

Weitere Daten gehen aus den drei folgenden Tabellen hervor:

Produkt	Preis [DM/Stck]	variable Stückkosten [DM/Stck]	Deckungsbeitrag pro Stück [DM/Stck]
1	250	150	100
2	120	70	50
3	170	110	60
4	300	160	140

Tab. 1: Preise, variable Stückkosten und Deckungsbeitrag pro Stück je Produkt im Planungsmonat

Fertigungsstufe	Kapazität [Std]
1	720
2	1230
3	810

Tab. 2: Kapazitäten im Planungsmonat

Fertigungsstufe \ Produkte	1	2	3	4
1	2	1	1	2
2	3	2	3	3
3	1	1	4	2

Tab. 3: Produktionskoeffizienten [Std/Stck]

Die von der Produktion unabhängig anfallenden Kosten (Fixkosten) beliefen sich im letzten Monat auf 25 750 DM.

Beantworten Sie bitte die folgenden drei Fragen:

1. Frage: Wie hoch ist der Deckungsbeitrag für sämtliche Produkte des Produktionsprogramms?

2. Frage: Wie hoch ist die Kapazitätsauslastung - ausgedrückt durch die Beschäftigungsgrade der Fertigungsstufen?

3. Frage: Wie viele Mengeneinheiten hätten vom 1. Produkt maximal hergestellt werden können, wenn ausschließlich dieses produziert werden sollte?

Einführung in das Abrechnungsmodell

Hinweise für den Moderator

Hilfreich ist vielleicht die Erklärung, daß die Fertigungsstufen beispielsweise als Kostenstellen Sägerei, Montage und Imprägnierung vorstellbar sind. Auch der Produktionskoeffizient sollte zwischendurch erklärt werden. Ansonsten empfiehlt sich: Learning by doing.

Zur Festigung der betriebswirtschaftlichen Begriffe kann am Schluß der Fallstudiensitzung das am Ende des Kapitels abgedruckte Glossar verteilt werden.

Und nun zu den **Lösungen**.

zur 1. Frage:

Produkt	Stck	Preis [DM/Stck]	variable Kosten [DM/Stck]	Umsatz [DM]	variable Kosten [DM]	Deckungs- beitrag [DM]	Deckungs- spanne [DM/Stck]
1	180	250	150	45000	27000	18000	100
2	100	120	70	12000	7000	5000	50
3	110	170	110	18700	12100	6600	60
4	20	300	160	6000	3200	2800	140
				81700	49300	32400	
			- Fixkosten			25750	
			Gewinn[1]			6650	

Tab. 4: Gewinnermittlung

---

[1] Mit dem Begriff "Gewinn" ist der *kalkulatorische Gewinn* der Leistungs- und Kostenrechnung, also das Betriebsergebnis gemeint.

zur 2. Frage:

	Fertigungsstufe		
	1	2	3
Kapazität [Std]	720	1230	810
Beschäftigung [Std]			
Produkt 1	360	540	180
Produkt 2	100	200	100
Produkt 3	110	330	440
Produkt 4	40	60	40
Beschäftigung [Std]	610	1130	760
Leerzeit [Std]	110	100	50
Beschäftigungsgrad [%]	85	92	94

Tab. 5: Kapazitätsauslastung

Für jede Fertigungsstufe gilt:

Leerzeit = Kapazität - Beschäftigung [Std]

$$\text{Beschäftigungsgrad} = \frac{\text{Beschäftigung}}{\text{Kapazität}} \cdot 100 \ [\%]$$

Einführung in das Abrechnungsmodell

zur 3. Frage:

Fertigungsstufe	Kapazität [Std]	Produktionskoeffizient [Std/Stck]	max. Menge je Fertigungsstufe [Stck]	Bemerkung
1	720	2	360	Engpaß
2	1230	3	410	
3	810	1	810	

Tab. 6: Engpaßplanung

Wegen des Engpasses in der Fertigungsstufe 1 beträgt die maximale Produktionsmenge von Produkt 1 360 Stück.

Glossar

Der *Deckungsbeitrag pro Stück* stellt den Überschuß des Preises über die variablen Stückkosten dar.

Unter den *variablen Stückkosten* sind diejenigen Kosten zu verstehen, die sich in Abhängigkeit von der Produktionsmenge verändern.

Fixe Kosten sind diejenigen Kosten, die unabhängig von der Produktionsmenge anfallen. Fixe Kosten sind kurzfristig nicht entscheidungsrelevant.

Der *Umsatz* bezeichnet das Produkt von Absatzmenge und Verkaufspreis.

Der *Deckungsbeitrag* eines Produktes bzw. sämtlicher Produkte des Produktionsprogramms ist die Differenz von Umsatz und variablen Kosten.

Der kalkulatorische *Gewinn* ist die Differenz von Deckungsbeitrag und fixen Kosten. Der Gewinnbegriff ist nicht mit dem Begriff des offiziellen Rechnungswesens identisch, in dem die Bilanz und Gewinn- und Verlustrechnung erstellt wird. Vielmehr ist eine kalkulatorische Größe gemeint, die auch als Betriebsergebnis bezeichnet wird.

Der *relative Deckungsbeitrag* kennzeichnet das Verhältnis von Deckungsbeitrag pro Stück und Produktionskoeffizient und gibt an, wie hoch der Deckungsbeitrag eines Produktes pro Kapazitätseinheit in der betrachteten Produktionsstufe ist, z. B. der Deckungsbeitrag pro Stunde.

Einführung in das Abrechnungsmodell

Der *Produktionskoeffizient* ist eine Maßzahl für den Verbrauch eines Produktionsfaktors, der zur Herstellung *einer* Mengeneinheit eines bestimmten Gutes benötigt wird, z. B. Fertigungsstunden pro Stück.

Die *Kapazität* umfaßt das in Zeiteinheiten (hier: Stunden) ausgedrückte Nutzungspotential einer Fertigungsstufe.

Unter *Beschäftigung* wird die zeitliche Beanspruchung einer Fertigungsstufe in der Planungs- oder Abrechnungsperiode verstanden.

Der *Beschäftigungsgrad* ist das Verhältnis von Beschäftigung und Kapazität.

Anmerkung

Bei den Begriffen variable Kosten, Umsatz, Deckungsbeitrag und kalkulatorischer Gewinn ist es sehr wichtig, auf die richtige Dimension zu achten. So ist beispielsweise zwischen den variablen Kosten pro Stück und den variablen Kosten eines Produktes in der betrachteten Periode bzw. den variablen Kosten sämtlicher Produkte der Periode zu unterscheiden. Ähnliches gilt für Umsatz, Deckungsbeitrag und kalkulatorischen Gewinn.

Teil 2:
Der Spielverlauf

1 Organisatorische Vorbereitungen

1.1 Teambildung

Öko ist organisatorisch so konzipiert, daß entweder sechs oder vier oder zwei Spielmannschaften am Planspiel teilnehmen können. Die Höchstgrenze von sechs resultiert aus folgenden Überlegungen:

- Der Moderator kann bei sechs Gruppen seine Beratungsfunktion gerade noch zufriedenstellend ausüben.

- Die Wartezeiten bei der Eingabe in den Computer sind gerade noch erträglich.

- Die Durchlaufzeiten beim Drucker bei der Ausgabe von Betriebsergebnissen, Briefen etc. sind akzeptabel.

Eine geradzahlige Anzahl von Spielmannschaften ist deshalb erforderlich, weil in einer späteren Phase des Planspiels bilaterale Verhandlungen zu führen sind. Aus diesem Grunde sind auch *mindestens zwei* Spielmannschaften zu konstituieren.

Im Hinblick auf Betreuungs-, Warte- und Durchlaufzeiten ist es *optimal*, das Planspiel mit *vier* Spielmannschaften durchzuführen.

Die Gruppenstärke sollte *maximal sechs* Teilnehmer und *minimal zwei* betragen. Bei Gruppenstärken von fünf oder sechs Teilnehmern stellt sich als Effekt ein, daß innerhalb jeder Gruppe formale Aspekte, wie z. B. die Wahl des Sprechers, Vereinbarung von Abstimmungsprozeduren, Worterteilungen, organisierte Arbeitsteilung usw. eine wesentliche Rolle spielen. Die Notwendigkeit, zur Steigerung der Effizienz innerhalb der

Gruppe geordnete Verhältnisse zu schaffen, könnte eine wichtige Erfahrung für die Spieler sein, die durch das Planspiel "nebenbei" vermittelt wird.

Bei der Bildung der Gruppen sollte der Moderator zwar die Anzahl der Spielmannschaften autoritär festlegen, dann aber eine möglichst liberale Position einnehmen und die Zusammensetzung den Teilnehmern überlassen. Freiwillig zustande gekommene Gruppen weisen von Anfang an einen relativ hohen Kohäsionsgrad auf, der den Wettbewerbsgedanken gegenüber den anderen Planspielunternehmen in natürlicher Weise unterstützt. Selbstverständlich ist darauf zu achten, daß die Gruppenstärken der einzelnen Spielmannschaften in etwa gleich groß sind. Auch sollte jede Gruppe über mindestens einen Taschenrechner verfügen. Ein PC-Einsatz zur Entscheidungsunterstützung ist erwünscht.

Zur Bildung der Spielmannschaften sind dem Moderator folgende Empfehlungen an die Hand zu geben:

Teilnehmer	Spielmannschaften	Gruppenstärke
25 - 36	6	4 - 6
11 - 24	4	3 - 6
4 - 10	2	2 - 5

Die Aufforderung zur Gruppenbildung sollte am Schluß der Vorstellung, die im zweiten Abschnitt besprochen wird, erfolgen.

Organisatorische Vorbereitungen 19

1.2 Zeitplanung

Öko umfaßt *sechs Spielrunden*, die wahlweise in *einer* Veranstaltung oder in *maximal sechs* Sitzungen gespielt werden können. Als Normalfall ist vorgesehen, die Spielperioden 1 bis 3 und die Perioden 4 bis 6 an jeweils zwei halben Tagen durchzuführen.

Wenn Öko an mehreren Tagen gespielt werden soll, wird diejenige Spielperiode, die "an der Reihe" ist, programmgesteuert aufgerufen. Öko hat ein Gedächtnis für die zuletzt gespielte Periode.

1.3 Raumplanung

Wegen der Wettbewerbssituation ist es erforderlich, die Spielmannschaften *räumlich* so zu plazieren, daß weder eine gegenseitige Störung noch eine hemmungslose Werksspionage möglich ist. Allerdings sollten die Wege für den Moderator nicht zu weit und die Entfernungen der Gruppen zum PC nicht zu groß sein.

Im *Idealfall* ist das Planspiel *in einem* großen Raum durchzuführen. Falls - insbesondere bei größeren Gruppenstärken - mehrere Arbeitsräume benutzt werden, sollte darauf geachtet werden, daß sämtliche Räume auf *einer Ebene* verteilt sind. Die körperliche Kondition des Moderators könnte sonst in Mitleidenschaft gezogen werden!

1.4 PC-Start

Wichtig ist, daß der PC frühzeitig startklar gemacht wird. Nach der Stromversorgung sowie der Verkabelung von PC und Drucker ist das Öko-Programm von der Betriebssystemebene durch die Eingabe von

    OEKO

zu starten.

Das Programm meldet sich mit dem folgenden Titelbildschirm:

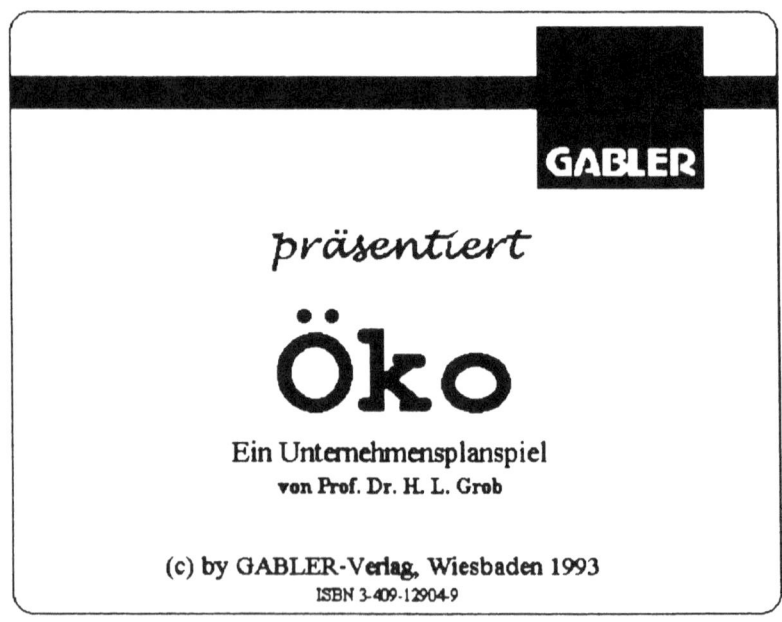

Der Bildschirm wird durch Drücken einer beliebigen Taste weitergeblättert. Nach einer kurzen Begrüßung hat der Moderator zur Initialisierung des Planspiels einige Daten einzugeben. Er wird dabei interaktiv geführt.

Organisatorische Vorbereitungen

```
EINGABEN DES MODERATORS

Geben Sie bitte Ihren Vor- und Zunamen ein: Heinz Lothar Grob
Verzeihen Sie die Frage - aber ...
sind Sie männlich oder weiblich (M/W) J

                    Viel Erfolg, Herr Heinz Lothar Grob!
```

```
Es folgen nun einige Eingaben zur Initialisierung
des Planspiels    ö  k  o

Name der Schule/Institution.....: Westfälische Wilhelms-Universität
Ort (ohne PLZ) .................: Münster
Postleitzahl....................: 4400


                                    Eingabe korrekt (J/N) J
```

```
Geben Sie nun bitte einige Kalenderdaten ein!

Eingabe des heutigen Datums
(z.B. 19. Mai 1986).............: 03.02.1992
Definieren Sie die
1. Spielperiode kalendermäßig!
(z.B. für Mai = 5)..............: 2
Eingabe des Kalenderjahres der
1. Spielperiode.................: 1992

                                    Eingabe korrekt (J/N) J
```

Nach der Eingabe der Anzahl der Spielmannschaften ist die Arbeit des Moderators im Rahmen der Initialisierungsphase beendet.

2 Vorstellung

Die Einführung in das Planspiel Öko sollte der Moderator kurz und bündig halten, da die Teilnehmer motiviert sind, *selbst aktiv* zu sein. Nach einer *persönlichen* Vorstellung des Moderators ist zunächst auf die Frage einzugehen, was sich hinter dem *Namen Öko* verbirgt.

Die Planspielteilnehmer sollten dabei auf den *ökonomischen* und auf den *ökologischen* Aspekt hingewiesen werden:

- Der ökonomische Aspekt ist in der Verwirklichung betriebswirtschaftlicher Ziele (z. B. Gewinnstreben) zu sehen.

- Der ökologische Aspekt kommt in der umweltbewußten Führung der Unternehmung zum Ausdruck.

In der breiten Öffentlichkeit wird vorwiegend die Meinung vertreten, ökonomische und ökologische Ziele stünden in konfliktärer Beziehung zueinander. Im Laufe des Planspiels soll klargemacht werden, daß es neben *konfliktären* Situationen auch Bereiche gibt, in denen ökonomische und ökologische Ziele miteinander *harmonieren* können.

Zum Schluß der Einführung könnte der Moderator auch noch eine Aussage zum Verhältnis von Planspiel und Wirklichkeit formulieren. Etwa so:

Kern des Planspiels ist ein Modell. Unter einem Modell versteht man ein *vereinfachtes* Abbild der Wirklichkeit. Das vereinfachte Abbild der Wirklichkeit ist Grundlage eines Computerprogramms, dessen Einsatz ein risikoloses Trainieren von Entscheidungen erlaubt.

3 Präsentation der Ausgangssituation

Der Moderator sollte die Kopien der "Ausgangssituation" an die Spielgruppen verteilen und den Inhalt "diagonal" vortragen. Dabei sollte an die strukturgleiche einführende Fallstudie erinnert werden.

Die Ausgangssituation[1]

Die von Ihnen zu leitende Unternehmung hat sich darauf spezialisiert, Holzzäune herzustellen und diese an Händler für Baustoff- und Heimwerkerbedarf zu vertreiben.

Zum Produktionsprogramm gehören die folgenden Zaunarten:

1	Gutsherrenzaun	Freiherr von Meckernich
2	Reihenhauszaun	Trautes Heim
3	Jägerzaun	Waidmannsheil
4	Paradieszaun	Diesseits von Eden

Der Produktionsprozeß umfaßt drei Fertigungsstufen, die nacheinander zu durchlaufen sind. In der *ersten Stufe*, der Sägerei, werden Bretter und Pfosten auf die entsprechenden Längen gesägt. In der *zweiten Stufe*, der Montage, werden aus den Einzelteilen die Zaunelemente hergestellt und in der *dritten Stufe*, der Imprägnierung, werden die Zaunelemente zur Erhöhung ihrer Lebensdauer imprägniert.

Die für den nächsten Monat zur Verfügung stehenden Kapazitäten gehen aus der folgenden Tabelle hervor:

---

[1] Eine Kopierunterlage befindet sich in Teil 3.

Fertigungsstufe	Kapazität [Std]
1 Sägerei	720
2 Montage	1230
3 Imprägnierung	810

Die Zaunarten belasten die Fertigungsstufen in unterschiedlicher Weise. Eine Übersicht über die Bearbeitungszeiten pro Stück geht aus der folgenden Tabelle hervor:

Fertigungsstufe	Produkte	1	2	3	4
1		2	1	1	2
2		3	2	3	3
3		1	1	4	2

Produktionskoeffizienten [Std/Stck]

Die Herstellkosten setzen sich aus Materialkosten und Fertigungskosten zusammen. Die Materialkosten umfassen sowohl den mit Materialpreisen bewerteten Verbrauch an Holz und Imprägnierstoffen als auch den Einsatz von Hilfsmaterial, wie z. B. verzinkten Schrauben und Nägeln.

Die Fertigungskosten resultieren aus folgender Kalkulation, die hier als *Hintergrundinformation* aufgeführt werden soll:

Präsentation der Ausgangssituation 25

Fertigungszeit in der Fertigungsstufe Sägerei
· Maschinenstundensatz der Sägerei
+ Fertigungszeit in der Fertigungsstufe Montage
· Maschinenstundensatz in der Montage
+ Fertigungszeit in der Fertigungsstufe Imprägnierung
· Maschinenstundensatz der Imprägnierung

= Fertigungskosten [Std/Stck]

Unabhängig von der Produktionsmenge fallen im kommenden Monat 25 750 DM an fixen Kosten an.

Die variablen Kosten pro Element, die sich aus den Fertigungs- und den Materialkosten zusammensetzen, sind der unten stehenden Tabelle zu entnehmen:

Produkt	variable Kosten pro Stck [DM/Stck]
1	150
2	70
3	110
4	160

Soweit zur Kosten- und Kapazitätssituation Ihrer Unternehmung!

Ihre Unternehmung hatte sich vor einigen Monaten entschieden, eine enge Beziehung mit dem bundesweit bekannten Baubedarfs- und Heimwerkerhändler HELP YOURSELF einzugehen. Zwischen Ihrer Unternehmung und HELP YOURSELF wurde ein Rahmenvertrag über die Lieferung von Zaunelementen abgeschlossen. Die Laufzeit des Rahmenvertrages erstreckt sich über die gesamte Spielzeit des Planspiels.

Der Vertrag sieht vor, daß HELP YOURSELF monatlich folgende Mengen zu festen Preisen abnimmt:

Produkt	garantierte Absatzmenge [Stck]	Preis pro Element [DM/Stck]
1	150	250
2	70	120
3	80	170
4	10	300

Darüber hinaus war bei der Aushandlung des Rahmenvertrages in Aussicht gestellt worden, daß HELP YOURSELF je nach Bedarf weitere Mengen in Auftrag gibt: den sog. *Zusatzauftrag*.

Dieser Zusatzauftrag von HELP YOURSELF sorgte in der Vergangenheit für eine zufriedenstellende Auslastung der Kapazitäten und für eine als erfreulich zu bezeichnende Gewinnsituation. Insgesamt kann gesagt werden, daß die Geschäftsbeziehung zu HELP YOURSELF als Grundlage des Erfolges Ihrer Unternehmung angesehen wird. Ihre Unternehmung befindet sich seit einem Jahr in einer anhaltend guten Ertragssituation. Arbeitsplätze sind nicht gefährdet. Aufgrund der vergangenen Entwicklung darf die Geschäftsleitung Ihrer Unternehmung mit Optimismus in die Zukunft blicken.

Hinweise für den Moderator

Nach dem diagonalen Verlesen dieser Ausgangssituation sind zunächst die im folgenden beschriebenen Gründungsentscheidungen zu treffen. Danach sollten sich die Spielmannschaften detailliert mit der Ausgangssituation vertraut machen und mit der Planung des Produktionsprogramms beginnen. Hierzu wäre zunächst einmal die Inanspruchnahme der Kapazitäten durch die Herstellung von Mindestmengen für HELP YOURSELF festzustellen. Die Restkapazität kann dann für den erwarteten *Zusatzauftrag* von HELP YOURSELF eingesetzt werden. Der Auftrag könnte jeden Moment - pardon! - jeden Tag eintreffen.

4 Die ersten Entscheidungen

Zunächst sind zwei "Gründungsentscheidungen" zu treffen. Jede Spielmannschaft sollte einen attraktiven Namen für ihre Unternehmung sowie einen Firmenort (mit PLZ) finden. Die Entscheidung für den Firmennamen ist auch unter Marketingaspekten zu sehen. Übrigens sollte der Moderator darauf achten, daß die Unternehmungen *keine gleichen* Firmennamen wählen. Die meisten suchen sich den Namen "Holzwurm" aus und finden ihn äußerst originell.

Außerdem ist ein Gruppensprecher zu wählen. Diese einfachen ersten Entscheidungen lösen durchaus schon gruppendynamische Prozesse aus und bieten erste Ansatzpunkte zur hierarchischen Strukturierung und zu einer organisierten Arbeitsteilung innerhalb der Gruppe.

Die Planspielgruppen sollten ihre Firmierung auf einem für den Moderator von weitem schon lesbaren Namensschild dokumentieren. Der Gruppensprecher ist der unmittelbare Ansprechpartner für den Moderator. Mit dem Gruppensprecher werden Termine vereinbart, mit ihm werden bei Bedarf Spielregeln interpretiert und Konflikte gehandhabt.

Aufgabe der Gruppensprecher ist es auch, die vom Moderator erhaltenen Informationen an die anderen Gruppenmitglieder weiterzuleiten. Der Gruppensprecher ist also keinesfalls derjenige, der sämtliche offiziellen Aktivitäten, wie z. B. Eingabe der Daten in den Computer, Präsentation von Entscheidungsergebnissen usw. *ausführt*, vielmehr hat er *Entscheidungsbefugnis* darüber, andere Gruppenmitglieder zu derartigen Arbeiten zu verpflichten.

Nun sind die gruppenspezifischen Daten in den PC einzugeben. Die Firmennamen und die Namen der Gruppenmitglieder soll-

Die ersten Entscheidungen 29

ten von den Planspielteilnehmern selbst eingetippt werden, damit bereits in der Initialisierungsphase eventuelle Barrieren gegenüber dem Computer abgebaut werden.

Im folgenden wird die Eingabe einer Gruppe dokumentiert:

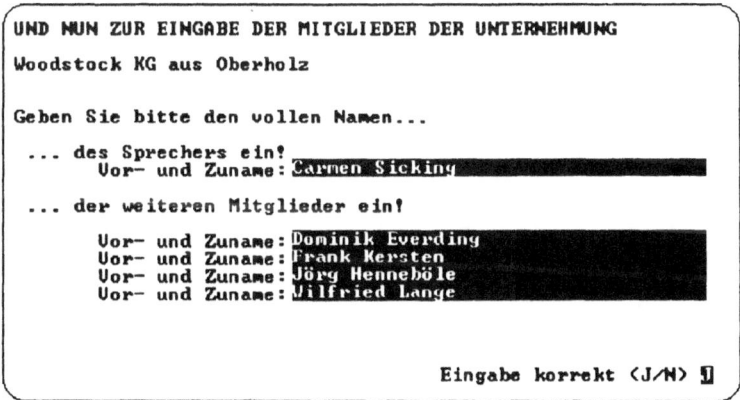

Nachdem der letzte Teilnehmer seinen Namen eingegeben hat und die Richtigkeit der Eingabe bestätigt wurde, erfolgt die Ausgabe von Begrüßungsschreiben an die einzelnen Unternehmungen. Anschließend erhält der Moderator eine Dokumentation der Stammdaten sowie ein Teilnehmerverzeichnis.

An die Mitglieder

der Geschäftsleitung!

Firma
Woodstock KG
2233 Oberholz

1. Februar 1992

Guten Morgen,

Carmen Sicking,
Dominik Everding,
Frank Kersten,
Jörg Henneböle,
Wilfried Lange,

Sie haben für die Dauer des Planspiels - und das sind immerhin einige Monate, sprich: Spielperioden - die Geschäftsleitung einer mittelständischen Unternehmung der holzverarbeitenden Industrie übernommen. Hierzu begrüßen wir Sie recht herzlich!

Das Planspiel ist als Wettbewerbsspiel entwickelt worden. Sieger ist diejenige Mannschaft, die am Ende des Spiels den höchsten Gewinn erwirtschaftet hat.

Welchen Platz Sie auch immer erreichen werden - wir hoffen, daß Sie vor allen Dingen einen Eindruck davon bekommen, wie ö k o nomische Entscheidungsprobleme gelöst werden können und wie sich das neue ö k o logische Bewußtsein auf die Entscheidungssituation von Unternehmungen auswirken kann.

Die ersten Entscheidungen 31

Sie werden feststellen, daß manchmal mit dem spitzen Bleistift, manchmal aber auch mit einem gewissen Fingerspitzengefühl entschieden werden muß. Und immer unter Streß! Deshalb geht's auch gleich los!

Erarbeiten Sie nun bitte die Entscheidungen der 1. Spielperiode, also für den Monat Februar 1992!

Viel Spaß mit dem Unternehmerplanspiel Öko wünscht

Der GABLER-VERLAG

Heinz Lothar Grob

- Moderator -

Auch der Moderator erhält zum Auftakt ein Begrüßungsschreiben.

Dokumentation der Stammdaten

Öko wurde am 19.02.1992 in Münster durchgeführt.

Die Teilnehmer des Planspiels waren Mitglieder der Westfälische Wilhelms-Universität.

Die Leitung des Planspiels hatte Herr Heinz Lothar Grob.

Die 1. Spielperiode wurde auf den Monat Februar 1992 datiert. Insgesamt 2 Spielmannschaften wurden gegründet.

Die Firmennamen lauten:

Woodstock KG aus 1123 Oberholz
Holzwurm GmbH aus 3321 Holzminden

Wir danken Ihnen für Ihr Engagement!

DER GABLER-VERLAG

Außerdem wird ein Teilnehmerverzeichnis ausgegeben.

Teilnehmerverzeichnis

```
Moderator                 Heinz Lothar Grob

Unternehmung 1            Woodstock KG

                          Carmen Sicking
                          Dominik Everding
                          Frank Kersten
                          Jörg Henneböle
                          Wilfried Lange

Unternehmung 2            Holzwurm GmbH

                          Sylvia Kostka
                          Bernhard Werring
                          Ludger Weigel
```

Münster, 19.02.1992

5 Die Planspielperioden

1. Planspielperiode

Sie, verehrter Moderator, sollten den Spielmannschaften insoweit behilflich sein, daß eine fehlerfreie Ermittlung der Restkapazitäten in allen Gruppen gewährleistet ist, da der Zusammenhang zwischen Kapazität, Fertigungszeit pro Stück, Produktion, Beschäftigung und Restkapazität (freie Kapazität oder Leerzeit) von allen Teilnehmern sicher beherrscht werden sollte, um weitergehende Fragestellungen von Öko behandeln zu können. Die einführende Fallstudie dürfte für die Verbreitung des erforderlichen Know-hows gesorgt haben.

Die erste Periode hat ihren Auftakt mit dem Zusatzauftrag von HELP YOURSELF. Der Zusatzauftrag bereitet Planungsprobleme, da die Kapazität nicht ausreicht. Ein Angebot der Maschinenfabrik WANNEN & PUMPEN GmbH über eine neue Imprägnierwanne kommt wie gerufen. Ein Beschwerdebrief dient einerseits der Streßerzeugung, andererseits sensibilisiert er die Teilnehmer bereits in dieser Phase von Öko für *ökologische* Fragen. Denkbar ist, daß auch die Imprägnierwanne aus ökologischer Sicht betrachtet wird und nicht nur als kapazitätswirksamer Faktor. Lassen Sie sich überraschen!

In der "Elektronischen Mailbox" von Öko liegt Post vor.

HELP YOURSELF

Münster

Firma
Woodstock KG
2233 Oberholz

3. Februar 1992

Betreff: Zusatzauftrag

Sehr geehrte Damen und Herren,

aufgrund der aktuellen Marktsituation fragen wir an, ob Sie in der Lage sind, folgende Zauntypen im Monat Februar 1992 auszuliefern.

Typ	Menge	Preis
Gutsherrenzaun	50 Elemente	250 DM/Element
Reihenhauszaun	40 Elemente	120 DM/Element
Jägerzaun	120 Elemente	170 DM/Element
Paradieszaun	10 Elemente	300 DM/Element

Falls Sie nicht in der Lage sind, unsere Nachfrage vollständig zu befriedigen, bitten wir um eine Teillieferung. Die nicht auslieferbare Menge kann allerdings nicht zu einem späteren Zeitpunkt nachgeliefert werden.

Bei Rückfragen wenden Sie sich bitte an den Unterzeichnenden.

Mit freundlichen Grüßen

ppa. Heinz Lothar Grob

1. Planspielperiode

MASCHINENFABRIK WANNEN & PUMPEN GmbH

DUISBURG

An die
Geschäftsleitung
der Firma
Woodstock KG

2233 Oberholz

Duisburg, 5. Februar 1992

Sehr geehrte Geschäftsleitung,

anläßlich des Messebesuchs Ihres sehr geehrten Direktors Dominik Everding erfuhren wir, daß Sie z. Z. Überlegungen über die Anschaffung einer zusätzlichen Imprägnierwanne anstellen. Der Preis der von uns angebotenen Ware beläuft sich auf 20 000 DM + MWSt.

Bei sofortiger Bestellung wäre die Imprägnierwanne schon ab März 1992 betriebsbereit.

Wir weisen darauf hin, daß wegen der gestiegenen Löhne und Lohnnebenkosten in der Maschinenbauindustrie unser Angebotspreis nur bei sofortiger Bestellung von uns gehalten werden kann. Ab März 1992 ist von einem um 10 % höheren Preis auszugehen.

Genaue Berechnungen zur Beurteilung der Wirtschaftlichkeit der Imprägnierwanne können Sie bei unserem Verkaufsleiter Heinz Lothar Grob anfordern.

Wir bitten um Erteilung Ihres Auftrages.

Mit freundlichen Grüßen

- Dr. Enningmann -

Die Teilnehmer sollten die Investitionsentscheidung ausgiebig diskutieren. Die folgende Wirtschaftlichkeitsrechnung könnte dabei helfen. Dennoch sollte sie nur auf Anfrage ausgegeben werden.

Informationen zur Investitionsentscheidung[1]

Die Geschäftsleitung der Planspielunternehmung hat vielleicht festgestellt, daß die Fertigungsstufe Imprägnierung als Engpaß anzusehen ist. Sie mußte auf Gewinn verzichten, weil sie die Nachfrage nicht voll befriedigen konnte. Vor diesem Hintergrund ist das Angebot der Firma WANNEN & PUMPEN zur Ausweitung der Kapazität in der Imprägnierung besonders interessant. Die Erweiterung der Kapazität in der Imprägnierung führt zu einer einmaligen Anschaffungsauszahlung von 20 000 DM. Die Mehrwertsteuer ist als durchlaufender Posten für die Erfolgsrechnung irrelevant. Für die kurzfristige Erfolgsrechnung resultiert daraus eine Erhöhung der Abschreibungen und der kalkulatorischen Zinsen. Bei einer Nutzungsdauer von 5 Jahren, einem Schrotterlös von 2 000 DM und einem Zinsfuß von 6 % ergeben sich folgende zusätzliche Abschreibungen bzw. kalkulatorische Zinsen.

$$\text{Abschreibungen} = \frac{20\ 000 - 2\ 000}{5} = 3\ 600\ [\text{DM/Jahr}]$$

$$\text{Kalkulatorische Zinsen} = \frac{20\ 000 + 2\ 000}{2} \cdot 0{,}06$$

$$= 660\ [\text{DM/Jahr}]$$

---

[1] Eine Kopierunterlage befindet sich in Teil 3.

1. Planspielperiode

Die monatlichen Mehrkosten betragen

$$\frac{3\,600 + 660}{12} = 355 \text{ [DM/Monat]}$$

Die Kapazität der Imprägnierung steigt durch die Investition um 200 Stunden pro Monat.

Hinweise für den Moderator

Der Moderator sollte bei Rückfragen der Spielmannschaften die monatlichen Mehrkosten und die zusätzliche Kapazität bekanntgeben und kurz erläutern, daß anstelle der einmaligen Anschaffungsauszahlung von 20 000 DM monatlich 355 DM verrechnet werden, um eine periodengerechte Erfolgsvermittlung zu ermöglichen.

Bei dem Ausdruck (20 000 + 2 000)/2 handelt es sich um die durchschnittliche Kapitalbindung, die um so höher ist, je größer der Restverkaufserlös ist, da implizit unterstellt wird, am Ende der Nutzungsdauer der Investition würde eine Sondertilgung in Höhe des Restverkaufserlöses geleistet. Durch diese Sondertilgung fallen die monatlichen Tilgungen niedriger aus - folglich ist die durchschnittliche Kapitalbindung entsprechend höher. Anzumerken ist, daß bezüglich des Kapitalbindungsverlaufs eine stetige (praktisch: tägliche) Tilgung unterstellt wird. Bei der Annahme einer jährlichen Tilgung wäre die durchschnittliche Kapitalbindung um die Hälfte eines Tilgungsbetrages höher.

Und dies ist der Beschwerdebrief eines von den Emissionen betroffenen Bürgers.

<<<<<<<<<<<<<<<<<<<<<<<<<<<<<<<<<<<<<<<<<<<<<<<

An die Geschäftsleitung!

der Firma Woodstock KG in Oberholz

In den letzten Monaten haben wir mit zunehmender Häufigkeit registrieren müssen, daß Ihr technisch überholtes Feuerungssystem, das Sie zur Verwertung von Holzverschnitt verwenden, übelriechende schmutzig-schwarze Rauchwolken ausstößt.

Im Namen meiner Nachbarn, die von dieser Belästigung betroffen sind, bitte ich Sie dringend, für sofortige Abhilfe Sorge zu leisten!

Wir erwarten, daß Sie Ihre Emissionen bis Ende des nächsten Monats abgestellt haben werden!

Mit unfreundlichen Grüßen

i. A. Heinz Lothar Grob

>>

Den Mitgliedern des Teams sollte zunächst einmal bewußt werden, daß sie durch ihre Produktion die Umwelt nachteilig beeinflussen. Sie sollten den Konfliktfall erleben, dem Unternehmungen ausgesetzt sind, die durch ihre Produktion die Umwelt belasten.

Auf der einen Seite ist zu sehen, daß Unternehmungen zum Überleben Gewinne erzielen müssen - auf der anderen Seite stehen die Interessen der von den Emissionen betroffenen Bür-

1. Planspielperiode

ger. Die Reduktion der Emissionen ist nur mit Gewinneinbußen möglich, in manchen Fällen also mit einer drohenden Existenzgefährdung.

Auf Befragen ist darauf hinzuweisen, daß aufgrund der kürzlich durchgeführten Messungen des Schadstoffausstoßes festgestellt wurde, daß die Emission die Grenzwerte knapp *unterschreitet*. Fachleute sind durchaus der Meinung, die Grenzwerte seien nicht streng genug festgelegt. Die sofortige Investition eines neuen Filters würde deshalb auf *freiwilliger* Basis erfolgen.

Die Geschäftsleitung sollte innerhalb ihrer Spielmannschaft darüber diskutieren,

1. ob sie mit den Beschwerdeführern ins Gespräch kommen will und - wenn ja - welche Argumente sie in der Diskussion zur Verteidigung ihres für umweltfeindlich angesehenen Verhaltens anzubringen gedenkt (z. B. chemotechnische Fakten über Schadstoffe, Arbeitsplatzrisiken bei starkem Gewinnrückgang, hervorgerufen durch die Anschaffung eines Filters, Unternehmung als Finanzquelle für kommunale Steuern),

2. ob sie freiwillig durch Einbau eines Filters die Umweltbelästigungen unverzüglich abstellen will,

3. ob sie auf den Eingriff des Gewerbeaufsichtsamtes warten sollte oder

4. ob sie weitere Informationen zur Analyse und zur Handhabung des ökologischen Problems beschaffen will - wenn ja: welche?

Der Moderator sollte darauf achten, daß das Beschwerdeschreiben von den Planspielteilnehmern nicht einfach ignoriert wird.

Falls Sie, verehrter Moderator, bei Ihrer Betreuung bemerken, daß sich sämtliche Unternehmungen aus ideologischen Gründen für einen Filter entscheiden, sollten Sie (ausnahmsweise!) ein kleines Intrigenspiel veranstalten und Gerüchte ausstreuen. Hinweise, wie z. B. "die Konkurrenz zögert den Filtereinbau hinaus", sorgen vielleicht für Konflikt- und intensiveren Diskussionsstoff zwischen den Unternehmungen in der sich anschließenden Besprechungsrunde. Die Gerüchte sollten aus "Gerechtigkeitsgründen" auf sämtliche Gruppen gleichmäßig verteilt werden.

1. Planspielperiode

Eingabe der Entscheidungen

Der PC erwartet von den Spielmannschaften Eingaben zu *sämtlichen* Entscheidungen. Die Reihenfolge der Spielmannschaften bei der Eingabe bleibt gleich. Diese Ablaufregelung erhöht die Ordnung und bietet die Möglichkeit eines gezielten Termindrucks.

```
UNTERNEHMUNG Woodstock KG
Produktionsmengen für HELP YOURSELF (Normal- und Zusatzauftrag)

Typ                        Menge
-----------------------------------
Gutsherrenzaun             180
Reihenhauszaun             100
Jägerzaun                  110
Paradieszaun               20



                                        Eingabe korrekt (J/N) J
```

```
UNTERNEHMUNG Woodstock KG

    Entscheidung über das ANGEBOT von WANNEN & PUMPEN

    Soll die Wanne gekauft werden   (J/N) J



                                        Eingabe korrekt (J/N) J
```

Die Abrechnung der Betriebsergebnisse[1] und die Zusammenstellung der Kapazitätsauslastungen sind vom Moderator an die Gruppen zu verteilen.

Unternehmung

Woodstock KG

Deckungsbeitragsrechnung für Februar 1992:

```
Typ                     Stck   Preis    var.     Deckungs-
-----                                   Kosten   beitrag
Name                           (DM/St)  (DM/St)  (DM)
---------------------------------------------------------
Gutsherrenzaun          180    250.00   150.00   18000.00
Frh.v.Meckernich

Reihenhauszaun          100    120.00    70.00    5000.00
Trautes Heim

Jägerzaun               110    170.00   110.00    6600.00
Waidmanns Heil

Paradieszaun             20    300.00   160.00    2800.00
Diesseits von Eden
---------------------------------------------------------
Summe                                            32400.00
                                                 ========

Betriebsergebnis für Februar 1992:
                Deckungsbeitrag              32400.00
              - Fixkosten (Grundblock)       25750.00
              ------------------------------------------
                Gewinn                        6650.00
              ==========================================
```

---

[1] Die Druckausgabe wird hier nur auszugsweise wiedergegeben.

1. Planspielperiode

Kapazitätsauslastung für Februar 1992:

Fertigungs-stufe	Kapazität (Std)	Beschäf-tigungs-zeit (Std)	Leerzeit (Std)	Beschäf-tigungs-grad (%)
Sägerei	720	610	110	85
Montage	1230	1130	100	92
Imprägnierung	810	760	50	94

Der Moderator erhält durch Ausgabe eines sog. Moderator-Papiers einen vergleichenden Überblick.

Am Anfang sind die Gewinnunterschiede zwischen den Planspielunternehmen im allgemeinen recht gering. Divergenzen treten erst in späteren Perioden auf, wenn strategische (Fehl-)entscheidungen möglich sind und die Ungewißheit eine Rolle spielt.

Aus den folgenden Kapazitätsauslastungen ist ablesbar, daß keine der beiden Unternehmungen eine korrekte Engpaßplanung betrieben hat. Sonst wäre zumindest eine Fertigungsstufe zu 100 % ausgelastet.

MODERATOR - PAPIER

Abrechnung für den Monat Februar 1992:
1. Spielperiode

```
                                  Unternehmung
                                   1       2
Umsatz
    Produkt 1                   45000    40000
    Produkt 2                   12000    11400
    Produkt 3                   18700    17000
    Produkt 4                    6000     4500

Umsatz-Summe                    81700    72900

var.Kosten
    Produkt 1                   27000    24000
    Produkt 2                    7000     6650
    Produkt 3                   12100    11000
    Produkt 4                    3200     2400

var.Kosten-Summe                49300    44050

Deckungsbeitrag
    Produkt 1                   18000    16000
    Produkt 2                    5000     4750
    Produkt 3                    6600     6000
    Produkt 4                    2800     2100

DB-Summe                        32400    28850
- Fixkosten (Grundblock)        25750    25750

Gewinn                           6650     3100
```

Kapazitätsauslastung (in %)
===========================

```
                                  Unternehmung
                                   1       2

    Sägerei                        85      76
    Montage                        92      83
    Imprägnierung                  94      85
```

1. Planspielperiode

Besprechung der 1. Spielperiode

Da die 1. Spielperiode dazu dient, die Teilnehmer mit dem ökonomischen Problem der Produktionsprogrammplanung vertraut zu machen, sollte sich der Moderator im Anschluß an die Computerabrechnung genügend Zeit zur Erörterung der Entscheidungsprobleme nehmen und den folgenden Lösungsansatz ausführlich darstellen. Anschließend sollte eine Diskussion über das ökologische Problem der Unternehmung geführt werden. Auch die Antworten auf den Beschwerdebrief sind vorzutragen und kurz zu kommentieren.

Die Musterlösung "des ökonomischen Problems" kann interessierten Teilnehmern ausgehändigt werden.[1]

Das ökonomische Problem:
Produktionsprogrammplanung bei begrenzter Kapazität

Die Produktionsprogrammplanung erfolgt in mehreren Schritten. Zunächst ist festzustellen, wie hoch die Restkapazität nach Herstellung der Mindestmengen für HELP YOURSELF ist. Bei der Berechnung der Restkapazitäten sind die in der Spielbeschreibung zur ersten Periode aufgeführten Fertigungszeiten pro Stück ("Produktionskoeffizienten") zur Berechnung der Beschäftigung heranzuziehen.

---

[1] Eine Kopierunterlage befindet sich in Teil 3.

Fertigungsstufe	1	2	3
Kapazität [Std]	720	1230	810
Fertigungszeit [Std]			
Zauntyp			
1	300	450	150
2	70	140	70
3	80	240	320
4	20	30	20
Beschäftigung [Std]	470	860	560
Restkapazität [Std]	250	370	250

Beispiel

Die Produktion von Produkt 1 beträgt 150 Stück. Da sich der Produktionskoeffizient des Produktes 1 in der ersten Fertigungsstufe auf 2 [Std/Stck] beläuft, ist die entsprechende Kapazitätsbeanspruchung (Beschäftigung) in der Abrechnungsperiode 300 Stunden.

Der Kapazitätsbedarf des Zusatzauftrages von HELP YOURSELF geht aus der folgenden Tabelle hervor:

Fertigungsstufe	1	2	3
Zauntyp Nachfrage [Stck]			
1	50	100	150	50
2	40	40	80	40
3	120	120	360	480
4	10	20	30	20
Kapazitätsbedarf [Std]		280	620	590

1. Planspielperiode

Wie man sieht, übersteigt der Kapazitätsbedarf für den Zusatzauftrag die Restkapazität in allen Fertigungsstufen. Deshalb kann er nicht vollständig erfüllt werden. Die Frage ist, *welche Zauntypen in geringerer Anzahl produziert werden sollen*. Maßgeblich für die Entscheidung ist nicht etwa der *absolute* Deckungsbeitrag pro Stück, sondern der sog. *relative* Deckungsbeitrag, das ist der Deckungsbeitrag pro Engpaßeinheit mit der Dimension [DM/Stck]. Der relative Deckungsbeitrag ergibt sich also als Quotient von Deckungsbeitrag pro Stück und Produktionskoeffizient. Engpaß ist - wie sich durch Alternativrechnungen feststellen läßt - die Fertigungsstufe *Imprägnierung*. Die relativen Deckungsbeiträge in bezug auf die Imprägnierung betragen:

Zauntyp	relativer Deckungsbeitrag [DM/Std]
1	(250 - 150) / 1 = 100
2	(120 - 70) / 1 = 50
3	(170 - 110) / 4 = 15
4	(300 - 160) / 2 = 70

Die Rangfolge der Produkte nach Maßgabe der relativen Deckungsbeiträge lautet:

Rang	Zauntyp
1	1
2	4
3	2
4	3

Zur gewinnmaximalen Produktionsprogrammplanung ist zunächst der rangerste Zauntyp in Höhe der maximalen Nachfragemenge zu produzieren. Dann kommt der zweitbeste Zauntyp ins Programm. Schließlich wird die verbleibende Kapazität mit dem drittbesten Produkt so ausgelastet, daß die letzte freie Zeiteinheit genutzt wird.

	Std
Verfügbare Kapazität der Imprägnierung	250
Typ 1 50 [Stck] · 1 [Std/Stck]	- 50
	200
Typ 4 10 [Stck] · 2 [Std/Stck]	- 20
	180
Typ 2 40 [Stck] · 1 [Std/Stck]	- 40
restliche Kapazität	140

Mit der restlichen Kapazität können 35 Elemente des Zauntyps 3 hergestellt werden; denn 140 [Std] / [3 Std/Stck] = 35 [Stck].

Das optimale Produktionsprogramm der ersten Spielperiode lautet somit:

Zaun-typ	Normalauftrag	Zusatzauftrag	Σ
1	150	50	200
2	70	40	110
3	80	35	115
4	10	10	20

1. Planspielperiode

Das ökologische Problem: Die Emissionsproblematik

Bei der Diskussion der 1. Spielperiode sollten die Unternehmenssprecher zum Emissionsproblem kurz Stellung beziehen und ihre Antworten an den Beschwerdeführer vorlesen.

Die anderen Teilnehmer sollten die Antwortschreiben sachlich kritisieren. Selbstverständlich darf sich ein angegriffener Unternehmenssprecher verteidigen. Dabei wird es insbesondere um Fragen der Manipulation von Konsumenten, des Führungsstils der Unternehmung und um erste Überlegungen zu Konflikten zwischen Ökonomie und Ökologie gehen.

Der Moderator hat dafür zu sorgen, daß die Diskussion in geordneten Bahnen verläuft, d. h. er hat das Wort zu erteilen und Ergebnisse oder offene Fragen zusammenzufassen. Im Schlußwort könnte er darauf hinweisen, daß Beschwerden von Dritten wichtige Informationen für Unternehmungen darstellen. Sofern von den Beschwerdeführern *inhaltliche* Kritik vorgetragen wird, sollten die Beschwerden nicht emotional, sondern sachlich-intellektuell behandelt werden.

Die Leistung der einzelnen Spielmannschaften bei der Präsentation ihrer Antwortbriefe auf den Beschwerdeführer sowie die Verteidigung ihrer Reaktion könnte[1] bewertet werden und zu einem späteren Zeitpunkt (4. Periode) in das Urteil über die Firmendarstellung einfließen.

Mit Schwung in die nächste Spielperiode!

---

[1] *muß* also nicht!

2. Planspielperiode

Die neue Periode beginnt mit einer Überraschung: Die Säge ist ausgefallen! Dieses Ereignis führt nicht nur zu Kapazitäts- und Kosteneffekten - vielleicht bietet die Situation auch eine Begründung, warum HELP YOURSELF nicht ausreichend beliefert wird. Doch wir wollen nicht vorgreifen! Hier ist zunächst die Druckausgabe:

```
In der Sägerei ist eine Maschine defekt. Würde sie
von unseren eigenen Leuten repariert, so könnte we-
gen der relativ späten Fertigstellung der Reparatur
im lfd. Monat nur mit einer Kapazität von 710 Std
(statt 720 Std) gerechnet werden. Die von unseren
eigenen Mitarbeitern nebenbei zu bewältigende Repa-
ratur würde 300 DM an Kosten für Ersatzteile verur-
sachen.

Eine sofortige Reparatur durch eine Spezialunter-
nehmung hätte keinen Kapazitätsausfall zur Folge.
Allerdings beliefen sich in diesem Fall die Repara-
turkosten auf insgesamt 800 DM.

Wir bitten um sofortige Entscheidung!

S. Aege, Meister
```

2. Planspielperiode

Im Zusatzauftrag wird mit Nachdruck auf die Notwendigkeit hingewiesen, möglichst vollständig beliefert zu werden. In einer Oper würden Schicksalssignale erklingen!

HELP YOURSELF

Münster

Firma
Woodstock KG
1123 Oberholz

2. März 1992

Betreff: Zusatzauftrag

Sehr geehrte Geschäftsleitung,

wir bitten Sie, uns zu den im Rahmenvertrag vereinbarten Preisen folgende Zaunelemente zu liefern:

    40 Elemente des Reihenhauszaunes
    80 Elemente des Jägerzaunes
    20 Elemente des Paradieszaunes

Uns ist sehr daran gelegen, daß Sie die oben angegebenen Bestellmengen möglichst vollständig ausliefern, da wir andernfalls einen wichtigen Kunden verlieren könnten.

Die Auslieferung muß bis Ende März 1992 erfolgen.

Mit freundlichen Grüßen

ppa. Heinz Lothar Grob

Mit diesem Rundschreiben wird an das offene ökologische Problem der Umweltverschmutzung erinnert.

Rundschreiben an alle

Mitglieder des Verbandes

H o l z w u r m   e . V.

An die Geschäftsleitung der Firma

Woodstock KG in Oberholz!

Sehr geehrte Verbandsmitglieder,

sicherlich haben Sie aus der Presse erfahren, daß die Feuerungsanlagen einiger Unternehmungen unserer Branche im Kreuzfeuer der Kritik standen, da in Einzelfällen eine Umweltbelästigung nachgewiesen werden konnte.

Einer Unternehmung wurde ein Beugungsgeld von 50000 DM angedroht, wenn sie nicht unverzüglich eine neue Filteranlage einbaut. In einem weiteren Fall kam es sogar schon zu einer Stillegung eines Betriebsteils.

Falls Sie beabsichtigen, Ihre Feuerungsanlage zu modernisieren, machen wir Sie darauf aufmerksam, daß die Firma Saubermann & Co. KG ein kostengünstiges Filtersystem entwickelt hat, das auch Ihre gegenwärtigen oder zukünftigen ökologischen Probleme ökonomisch zu lösen vermag. Fordern Sie weitere Unterlagen bei unserem Verbandsvorsitzenden Heinz Lothar Grob an!

Die "weiteren Unterlagen" - eine Wirtschaftlichkeitsrechnung des angebotenen Filtersystems - bitte nur auf Anfrage aushändigen.

2. Planspielperiode

Informationen über Kosten und Lieferbedingungen der Filteranlage[1]

Die Filteranlage zur Verhinderung der Luftverschmutzung kostet 50 000 DM. Die wirtschaftliche Nutzungsdauer der Filteranlage wird auf 5 Jahre eingeschätzt.

Der Kapitaldienst, der den monatlichen Gewinn mindert, berechnet sich wie folgt:

Kapitaldienst = Abschreibungen + kalkulatorische Zinsen

Abschreibungen = Anschaffungsausgabe/Abschreibungsdauer

kalkulatorische Zinsen =

$$\frac{\text{Anschaffungsausgabe}}{2} \cdot \text{Kalkulationszinsfuß}$$

$$\text{Kapitaldienst} = \frac{50000}{5} + \frac{50000}{2} \cdot 0{,}06 = 11\,500 \ [\text{DM/Jahr}]$$

Monatlich ist folglich mit Mehrkosten in Höhe von 11500/12 = 958 DM zu rechnen, sobald die Filteranlage installiert ist.

Die Kosten fallen erstmalig in der 3. Periode an. Neben den monatlich anfallenden Kosten des Kapitaldienstes fallen *einmalige* Kosten in Höhe von 7 000 DM an, die im Zusammenhang mit der Installation des Filters entstehen. Falls der Filter *später* eingebaut wird, ist mit wesentlich niedrigeren Einbaukosten zu rechnen.

---

[1] Eine Kopierunterlage befindet sich in Teil 3.

Mit dem folgenden Brief wird eine Diskussion um die Loyalität gegenüber HELP YOURSELF ausgelöst. Treue oder Profit - das ist hier die Frage.

Absender: Josef A d a m
Münster, Im Blumenbeet 189

10. März 1992

Firma
Woodstock KG

1123 Oberholz

Sehr geehrte Geschäftsleitung,

ich beabsichtige, mein Grundstück gegen die neugierigen und bösen Blicke von Fremden zu sichern und bitte daher dringend um sofortige Lieferung von 100 Elementen Ihres sehr geschätzten Zauntyps 'Diesseits von Eden'.

Wie bereits mit Ihrem sehr geschätzten Geschäftsführer

Wilfried Lange

besprochen, bin ich mit Ihrer Preisforderung von 31000 DM einverstanden. Meine einzige Bedingung: Die Lieferung muß noch in diesem Monat, also im März 1992, vollständig erfolgen!

Hochachtungsvoll

Josef Adam

P.S.: Ich hoffe sehr, daß Ihr Zaun 'Diesseits von Eden' tatsächlich astlochfrei ist, damit ich mich in Zukunft unbeobachtet fühlen kann.

2. Planspielperiode

Juristen dürfen über Gewährleistungsfragen nachdenken, falls - was zu erwarten ist - der Paradieszaun doch das eine oder das andere Astloch aufweist.

Nun sind die Entscheidungen in den PC einzugeben.

```
UNTERNEHMUNG Woodstock KG

Entscheidung über die Reparatur in der Sägerei


    Reparatur durch eigene Mitarbeiter      ---> 1
    Reparatur durch Spezialunternehmen      ---> 2

                      Kennziffer           : ▓
```

```
UNTERNEHMUNG Woodstock KG

Entscheidung über den AUFTRAG von JOSEF ADAM

    Wird der Auftrag von ADAM angenommen    (J/N) ▓
```

```
UNTERNEHMUNG Woodstock KG

Produktionsmengen für HELP YOURSELF
(Garantierte Absatzmenge und Zusatzauftrag)

    Typ                              Menge
    ---------------------------------------
    Gutsherrenzaun                    150
    Reihenhauszaun                     70
    Jägerzaun                          80
    Paradieszaun                       10
```

Anmerkung

Die Summe von Normal- *und* Zusatzauftrag ist einzugeben. Im Öko-Programm ist eine Plausibilitätskontrolle vorgesehen. Wenn jemand den Normalauftrag vergessen haben sollte, erhält er vom Programm einen Hinweis.

```
╭─────────────────────────────────────────────────────╮
│ UNTERNEHMUNG Woodstock KG                           │
│                                                     │
│ Entscheidung über das ANGEBOT von WANNEN & PUMPEN   │
│                                                     │
│     Soll die Wanne gekauft werden (J/N) ▮           │
╰─────────────────────────────────────────────────────╯
```

```
╭─────────────────────────────────────────────────────╮
│ UNTERNEHMUNG Woodstock KG                           │
│                                                     │
│ Reaktion auf das RUNDSCHREIBEN des VERBANDES        │
│                                                     │
│     Soll der Filter angeschafft werden (J/N) ▮      │
╰─────────────────────────────────────────────────────╯
```

Im folgenden wird die Ausgabe der kurzfristigen Erfolgsrechnung des Monats März für die Unternehmung WOODSTOCK dokumentiert.

Selbstverständlich erhält auch der Moderator sein Papier. Auf die Dokumentation dieses Ausdrucks ist hier verzichtet worden.

2. Planspielperiode

Unternehmung

Woodstock KG

Deckungsbeitragsrechnung für März 1992:

```
Typ                   Stck    Preis    var.      Deckungs-
-----                          (DM/St)  Kosten    beitrag
Name                                    (DM/St)   (DM)
---------------------------------------------------------

Gutsherrenzaun        150    250.00    150.00    15000.00
Frh.v.Meckernich

Reihenhauszaun         70    120.00     70.00     3500.00
Trautes Heim

Jägerzaun              80    170.00    110.00     4800.00
Waidmanns Heil

Paradieszaun           10    300.00    160.00     1400.00
D.v.Eden (HELP Y.)

dto.                  100    310.00    160.00    15000.00
(Auftrag Adam)
---------------------------------------------------------

Summe                                            39700.00
                                                 =========
```

Betriebsergebnis für März 1992:

```
            Deckungsbeitrag              39700.00
          - Fixkosten (Grundblock)       25750.00
          - Reparaturkosten                300.00
          ------------------------------------
            Gewinn                       13650.00
          ====================================
            kumulierter Gewinn           20300.00
            bis März 1992
          ====================================
```

Besprechung der 2. Spielperiode

Bei der Besprechung der 2. Spielperiode könnte der Moderator die Frage vertiefen, ob die defekte Maschine in der Sägerei von eigenen Leuten oder von einer Spezialunternehmung repariert werden sollte. Hierbei kommt es natürlich auf die unterschiedlichen kostenmäßigen Konsequenzen an. Das Beispiel eignet sich, in die Bewertungsproblematik der Kostenrechnung einzuführen. Im Mittelpunkt steht dabei die Beschaffung der *relevanten* Kosten.

Die Kosten bei Beauftragung einer Unternehmung können leicht beschafft werden. (Vielleicht genügt ein Telefonanruf!) Sie belaufen sich in unserem Fall auf 800 DM. Aber wie hoch sind die Kosten der Eigenreparatur?

Einige Kostenrechner würden sicherlich vorschlagen, man solle den Stundenlohn des Arbeiters, der die Reparatur ausführt, mit der Zahl der Reparaturstunden multiplizieren, um die anteiligen Personalkosten zu ermitteln. Doch dagegen ist zu sagen, daß der im Monatslohn bezahlte Arbeiter so oder so bezahlt wird. Mit anderen Worten: der Arbeitslohn fällt unabhängig davon an, ob der eigene Mitarbeiter oder eine Spezialunternehmung die Reparatur durchführt. Die als *fix* anzusehenden Lohnkosten sind also nicht entscheidungsrelevant und dürfen deshalb bei der Frage, von wem die Reparatur durchzuführen ist, nicht berücksichtigt werden. Bedeutsam kann jedoch die Tatsache sein, daß bei einer Fremdreparatur die Kapazität der Sägerei nicht beeinträchtigt wird, während sie bei einer Eigenleistung um 10 Stunden sinken würde. Es stellt sich die Frage, welcher Gewinnrückgang mit dieser Kapazitätsreduktion verbunden ist. Dieser Gewinnrückgang wird als *Opportunitätskosten* bezeichnet. Die Opportunitätskosten sind also die gesuchten relevanten Kosten der Alternative *Eigenleistung*.

3. Planspielperiode

Die 3. Periode ist als *Periode mit dem Paukenschlag* bekannt. Nach der Ausgabe der Kapazitätsdaten vermutet jeder *Routine*. Doch dann leitet ein Telefax eine dramatische Entwicklung ein.

```
T E L E F A X

an Woodstock KG
in 2233 Oberholz

1. Mai 1992

Absender: HELP YOURSELF, Münster

Sehr geehrte Damen und Herren,
leider müssen wir Ihnen mitteilen, daß wir in diesem
Monat keine Mindestmenge an Zaunelementen abnehmen
können. Für weitere Verhandlungen erbitten wir deshalb
schnellstmöglich einen Terminvorschlag.
```

Verehrter Moderator, setzen Sie sich in Ihrer Rolle als Geschäftsführer von HELP YOURSELF mit den Sprechern der einzelnen Firmen an einem provisorisch zurechtgerückten Konferenztisch zusammen. Die übrigen Planspielteilnehmer sollten sich hinter ihren Sprechern aufbauen. Die Aufmerksamkeit aller Spielteilnehmer ist gefragt.

> Herr Heinz Lothar Grob,
>
> bitte versammeln Sie nach der Sitzung alle Planspiel-
> teilnehmer vor dem Bildschirm!
>
> Eine existenzwichtige Information ist eingetroffen!
>
> Weiter mit RETURN-Taste!

Begrüßen Sie die Sprecher mit dem Worten, daß Sie als Vertreter von HELP YOURSELF daran erinnern, im letzten Monat ausdrücklich darum gebeten zu haben, daß die Zäune möglichst vollständig ausgeliefert werden sollten. Teilen Sie den Spielteilnehmern danach mit, daß die Absatzsituation momentan schlecht ist und schlagen Sie vor, daß HELP YOURSELF einen Monat *keine* Mindestmengen abzunehmen wünscht. Dies gibt Zündstoff! Versuchen Sie, die Sitzung schwungvoll zu gestalten.

Nachdem die Konferenz eine gewisse Streßsituation erreicht hat, schlagen Sie mit der Faust auf den Tisch und sagen, Ihnen sei aufgefallen, daß Ihr Nachbar Adam neu eingezäunt worden sei, *ohne diesen Zaun von HELP YOURSELF beschafft zu haben(!)*. Weisen Sie mit Nachdruck auf die Untreue hin, ohne Firmennamen zu nennen. Wenn die Hektik ihren Höhepunkt erreicht hat, rufen Sie die am Bildschirm angekündigte "existenzwichtige Information" ab.

3. Planspielperiode

```
+++ dpa-pressemitteilung +++

Die Heimwerkermarktkette HELP YOURSELF hat heute beim
Amtsgericht in Münster Konkurs angemeldet. Nach Auskunft
des Konkursverwalters können die meisten Beschäftigten
von HELP YOURSELF weitervermittelt werden. Allerdings
müssen zahlreiche Zulieferer um ihre Existenz kämpfen.
Es ist zu hoffen, daß ihnen dies gelingen wird.

Nach Meinung von Experten der Branche ist damit zu rechnen,
daß einige Zulieferer ihre Kapazität abbauen werden, um
die fixen Kosten zurückzuschrauben.

Für zahlreiche Zulieferer gilt ab sofort
die Devise:         h e l p     y o u r s e l f  !
```

Lesen Sie die dpa-Pressemitteilung laut vor. Ihre letzten Worte sollten sein: *Help yourself* - untermalt von dem aus dem PC-Lautsprecher ertönenden Song *Life is Live*.

Weiter geht es - Schlag auf Schlag! Zuerst wird ein Brief der Firma Geier & Co. KG ausgedruckt, danach wird eine Kostenanalyse zur Stillegung vorgelegt. Bereits in dieser Phase tritt der Wunsch nach mehr Informationen auf, der vom Marktforschungsinstitut ADMIRAL FUTURE erfüllt werden könnte.

Das ist Marktwirtschaft!

G E I E R & CO. KG

Münster

Firma
Woodstock KG
1123 Oberholz

Münster, den 7. April 1992

Sehr geehrte Damen und Herren der Geschäftsleitung!

Sicherlich bedauern auch Sie den Konkurs der Heimwerkerkette HELP YOURSELF, da Sie hierdurch einen bedeutsamen Absatzmarkt für Ihre Zaunelemente verloren haben dürften. Wir erlauben uns daher, Ihnen folgendes Vertragsangebot zu unterbreiten:

Lieferung von 50 Elementen des Typs TRAUTES HEIM zum Preise von 100 DM pro Element sowie 300 Elemente des Typs WAIDMANNS HEIL zum Preise von 115 DM pro Element. Gerne teilen wir Ihnen mit, daß wir eine beliebig große Menge vom Paradieszaun DIESSEITS VON EDEN zum Preise von 150 DM pro Element abnehmen wollen.

Die Lieferung muß spätestens Ende April 1992 erfolgen.

Über eine Zustimmung zu unserem Vertragsangebot würden wir uns sehr freuen. Auch mit der Auslieferung von Teilmengen sind wir einverstanden.

Mit freundlichem Gruß

Geier

3. Planspielperiode

Die folgende Tischvorlage bietet zwei Stillegungsalternativen, durch die fixe Kosten abgebaut und kurzfristig Liquidationserlöse erzielt werden können. Langfristig könnte natürlich der Kapazitätsabbau zu entgehendem Gewinn führen. Die Zukunft ist (natürlich) ungewiß!

Tischvorlage

für die Geschäftsleitung der

Woodstock KG

Betreff: Senkung der fixen Kosten bei Teilstillegung

Aufgrund eingehender Kostenanalysen konnten wir feststellen, daß bei einer 15 %igen Kapazitätsverringerung 10 % der fixen Kosten abgebaut werden können. Bei dieser Teilstillegung um 15 % sind 2 Arbeitnehmer zu entlassen. Der Verkauf der z. T. noch neuwertigen Maschinen erbringt einen Erlös von 4000 DM.

Bei einer 40 %igen Kapazitätsreduktion lassen sich 20 % der fixen Kosten einsparen. Bei dieser Alternative sind 4 Arbeitnehmer zu entlassen. Der Verkauf der stillgelegten Maschinen erbringt einen Erlös von 7000 DM.

Eine kurzfristige Wiederbeschaffung der veräußerten Maschinen ist nicht möglich!

gez. B. Nase

- Leiter des Rechnungswesens -

Mitten in die Diskussion um die Stillegung trifft das Angebot des Marktforschungsinstituts ADMIRAL FUTURE ein - gerade rechtzeitig!

```
Marktforschungsinstitut

ADMIRAL FUTURE

Firma
Woodstock KG
1123 Oberholz

Bielefeld, den 6. April 1992

Sehr geehrte Damen und Herren der Geschäftsleitung,

wir erlauben uns, Ihnen eine Marktforschungsstudie
über die Entwicklung der Nachfrage nach Zäunen in
dem für Sie relevanten Markt anzubieten. Der Preis
dieser Studie beläuft sich auf 3000 DM.

Bitte rufen Sie uns an, falls Sie sich für die an-
gebotene Information interessieren und verlangen
Sie Herrn Heinz Lothar Grob.

Mit freundlichem Gruß

gez. ADMIRAL FUTURE
```

Diskutieren Sie mit den Teilnehmern über die Relevanz der Information. Tatsächlich ist die Marktforschungsstudie nur dann interessant, wenn eine Stillegung in Erwägung gezogen wird. Falls - etwa aus humanitären Gründen - bereits entschieden worden ist, *nicht* stillzulegen, bringt die Marktforschungsstudie keinerlei Nutzen. Dieses einfache Beispiel bietet den Teilnehmern die Möglichkeit, über die Zweckorientierung von Informationen nachzudenken.

3. Planspielperiode

Den Teilnehmern ist unbedingt klarzumachen, daß von ADMIRAL FUTURE nur eine Tendenzaussage zu erwarten ist. Es geht also lediglich um eine Prognose über eine *Steigerung*, einen *Verfall* oder eine *Stagnation* der Nachfrage. Anzumerken ist, daß auf ADMIRAL FUTURE Verlaß ist. Die Prognose tritt also mit Sicherheit ein.

Nach kurzer (sicherlich heftiger) Diskussion in den Planspielgruppen sind die Entscheidungen über die Informationsbeschaffung einzugeben. Um Wartezeiten zu vermeiden, sollte der Moderator diese Eingabe tätigen.

```
Entscheidung über den Marktforschungsauftrag
an ADMIRAL FUTURE

Wollen Sie die Information kaufen?

    Woodstock KG                      (J/N) J
    Holzwurm GmbH                     (J/N) N
```

Der folgende Hinweis am Bildschirm sollte wirklich ernst genommen werden, da "Spionage" mit Sicherheit Ärger bei der betroffenen Unternehmung hervorruft.

```
Die Prognosen von ADMIRAL FUTURE sind in der
elektronischen Mail-Box eingetroffen.

Bitte für Geheimhaltung sorgen, da die Information
3000 DM gekostet hat!



            Ausgabe mit RETURN-Taste starten!
```

Marktforschungsinstitut

ADMIRAL FUTURE

Firma
Woodstock KG
1123 Oberholz

Bielefeld, den 7. April 1992

Sehr geehrte Damen und Herren der Geschäftsleitung,

unsere Marktforschungsanalysen zur Beurteilung Ihrer Absatzchancen haben eindeutig ergeben, daß die Nachfrage nach Zaunelementen in Zukunft steigen wird.

Hierbei haben wir insbesondere die Nachfrageentwicklung in den Neubaugebieten untersucht. Aus dem beigefügten ausführlich dokumentierten Datenmaterial geht eindeutig hervor, daß die Nachfrage nach Zäunen kurz- und mittelfristig steigen wird.

Hochachtungsvoll

gez. ADMIRAL FUTURE

Vermerk: Das ausführlich dokumentierte Datenmaterial wurde bereits dem Papiercontainer zugeführt!

Die Firma Woodstock müßte aus dieser Prognose folgern, daß sie auf keinen Fall ihre Kapazität reduzieren sollte.

3. Planspielperiode

Eine neue Chance tut sich auf. Die Stadt fordert die Unternehmungen auf, an einer Ausschreibung teilzunehmen. Der Moderator sollte den Zeitpunkt der spätesten Abgabe des Angebots eingeben. Selbstverständlich kann er in Übereinstimmung mit den Planspielteilnehmern verlängert werden.

Die Teilnahme an der Ausschreibung bietet die Möglichkeit, Chancen und Risiken der Preispolitik in der Marktwirtschaft hautnah kennenzulernen.

Anzumerken ist, daß die Belieferung von Geier "auf Eis zu legen ist". Die Unternehmung kann also abwarten, ob sie einen Auftrag von der Stadt bekommt, bevor sie sich endgültig für eine Belieferung von Geier entscheidet. Dies geht aus der Konstellation der Kalendertage hervor.

Aufgrund dieser Situation ist die *Preisuntergrenze* gegenüber der Stadt höher als nur die variablen Kosten pro Zaun - sofern bei Geier ein positiver Deckungsbeitrag herauskommt.

```
Eine neue Chance tut sich auf!
Die Stadt Münster fordert die Unternehmungen auf,
an einer Ausschreibung teilzunehmen.



Herrn Heinz Lothar Grob,

Geben Sie bitte die Uhrzeit ein, wann das
Angebot spätestens abgegeben sein muß (z.B. 11.15)! 13.50
```

Kalkulieren Sie bitte ca. eine Stunde Zeit für die Ausarbeitung der Ausschreibung ein.

Stadt Münster

- Der Stadtdirektor -

Firma
Woodstock KG
1123 Oberholz

Münster, den 7. April 1992

Sehr geehrte Damen und Herren der Geschäftsleitung,

wir fordern Sie hiermit auf, sich an einer Ausschreibung der Stadt Münster zu beteiligen. Die Stadt beabsichtigt, einen Teil ihrer öffentlichen Grundstücke (insbesondere Friedhöfe, Schlacht- und Schulhöfe) mit Zäunen einzufrieden.

Im einzelnen erbitten wir, ein Angebot über folgende Typen abzugeben:

Typ	maximale Menge an Elementen
Gutsherrenzaun	180
Reihenhauszaun	120
Jägerzaun	110
Paradieszaun	100

Lieferung bis spätestens Ende April 1992!

gez. Heinz Lothar Grob, Inspektor

Anmerkung: Die Nachfrage der Stadt nach den einzelnen Zauntypen ist abhängig von der Anzahl der Spielmannschaften.

3. Planspielperiode

Ausschreibungsbedingungen

Der Zuschlag wird produktweise erteilt, und zwar erhält jeweils diejenige Unternehmung, die zum niedrigsten Preis anbietet, den Zuschlag. Sollten Sie die von Ihnen angebotene Menge nicht unverzüglich ausliefern können, so würden wir fehlende Mengen zu freien Marktpreisen zukaufen und Ihnen die Mehrkosten in Rechnung stellen.

Ihr Angebot kann nur berücksichtigt werden, wenn es bis zum 10. April 1992, 13.50 Uhr vorliegt. Die Zuteilung erfolgt öffentlich unter Einsatz eines Personal Computers.

Anlage mit Hintergrundinformationen

Die Stadt akzeptiert nur Preise, die niedriger sind als die im folgenden aufgeführten:

Gutsherrenzaun	200 DM pro Element
Reihenhauszaun	300 DM pro Element
Jägerzaun	380 DM pro Element
Paradieszaun	400 DM pro Element

(Ein Preis von 200 DM pro Element für den Gutsherrenzaun würde also von der Stadt als zu hoch angesehen!)

Der Preis des berühmten Gutsherrenzauns ist deshalb so verfallen, weil ein auswärtiger Spekulant einen großen Posten von Gutsherrenzäunen aus der Konkursmasse der Firma HELP YOURSELF erworben hat und diese nun verschleudern muß, da er sich übernommen hat.

Bei den übrigen Zauntypen meint die Stadt, diese ab einem kritischen Preis selbst herstellen zu können.

Es können auch Teilmengen angeboten werden (also z. B. 100 Gutsherrenzäune und 10 Reihenhauszäune). Es darf auch mehr als die Kapazität angeboten werden. ('Man kriegt ja doch nicht alles!')

Wenn eine Unternehmung ihre Lieferverpflichtung gegenüber der Stadt jedoch nicht erfüllen kann, so beschafft die Stadt die fehlenden Zäune von Dritten zu einem um 20% höheren Preis. Der Mehrbetrag wird als Konventionalstrafe in Rechnung gestellt.

```
Herrn Heinz Lothar Grob,
trommeln Sie bitte um 13.50 die Unternehmungen
zur Eingabe ihrer Angebote zusammen!

    Weiter durch Drücken der RETURN-Taste!
```

Zunächst ist die Entscheidung über eine eventuelle Stillegung einzugeben.

```
Woodstock KG
Entscheidung über eine Teilstillegung

    Wollen Sie einen Teil des Betriebes stillegen    (J/N) J
                15 %ige Kapazitätsverringerung  ---> 1
                40 %ige Kapazitätsverringerung  ---> 2

                      Kennziffer .................. 1

                            Eingabe korrekt (J/N) J
```

Anzumerken ist, daß Woodstock die Botschaft von ADMIRAL FUTURE offensichtlich nicht richtig verstanden hat. Eine Stillegung ist im Hinblick auf die Aufwärtsentwicklung *langfristig* nicht opportun.

Empfehlen Sie den Gruppen, *mehr* als die Kapazität anzubieten, da sie mit an Sicherheit grenzender Wahrscheinlichkeit nicht alles absetzen werden, was sie anbieten. Schließlich ist die Wettbewerbssituation groß.

3. Planspielperiode

Nun erfolgt die Eingabe des Angebots an die Stadt. Bitte sorgen Sie für Geheimhaltung! Das Prinzip lautet: Jede Unternehmung verfügt über einen eigenen "Werksschutz". Sonst hätte der Moderator die Verantwortung für die Geheimhaltung!

```
Woodstock KG
Angebot für die Stadt Münster
  Typ                    Menge           Preis
  Gutsherrenzaun          180             199
  Reihenhauszaun          100             120
  Jägerzaun                50             199
  Paradieszaun             60             340

                        Eingabe korrekt (J/N) ■
```

Um die Zuteilung der Stadt nachvollziehen zu können, wird hier auch das Angebot von Holzwurm dokumentiert.

```
Holzwurm GmbH
Angebot für die Stadt Münster
  Typ                    Menge           Preis
  Gutsherrenzaun           50             160
  Reihenhauszaun           60             100
  Jägerzaun                50             120
  Paradieszaun             30             200

                        Eingabe korrekt (J/N) ■
```

Stadt Münster
- Der Stadtdirektor -

Firma
Woodstock KG
1123 Oberholz

Münster, den 8. April 1992

Ergebnis der Ausschreibung der Stadt Münster

Sie haben den Zuschlag für folgende Produkte erhalten:

Typ	Menge	Preis
Gutsherrenzaun	130	199
Reihenhauszaun	60	120
Jägerzaun	50	199
Paradieszaun	60	340

Wir bitten um prompte Lieferung!

gez. Heinz Lothar Grob, Oberinspektor

Wer bemerkt wohl, daß der Unterzeichnende zum *Oberinspektor befördert* worden ist (vgl. S. 68)?

3. Planspielperiode

Stadt Münster
- Der Stadtdirektor -

Firma
Holzwurm GmbH
3321 Holzminden

Münster, den 8. April 1992

Ergebnis der Ausschreibung der Stadt Münster

Sie haben den Zuschlag für folgende Produkte erhalten:

Typ	Menge	Preis
Gutsherrenzaun	50	160
Reihenhauszaun	60	100
Jägerzaun	50	120
Paradieszaun	30	200

Wir bitten um prompte Lieferung!

gez. Heinz Lothar Grob, Oberinspektor

Nun sind die tatsächlichen Lieferungen an die Stadt einzugeben - es könnten ja weniger sein, als im Zuschlag herausgekommen ist. Bei Lieferungen, die niedriger als die Zuteilungsmenge sind, würde automatisch eine Konventionalstrafe berechnet.

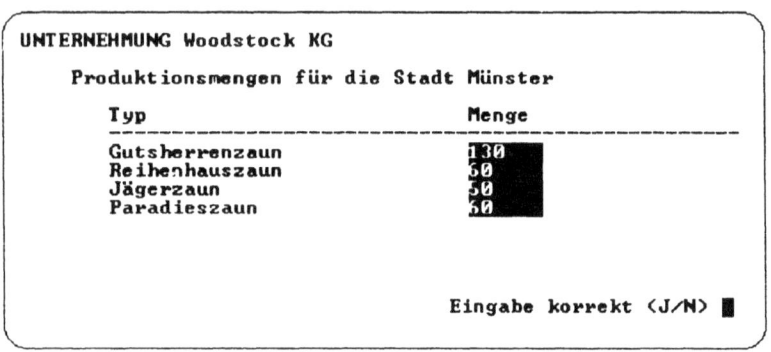

Nun endlich kann Geier & Co. KG bedient werden.

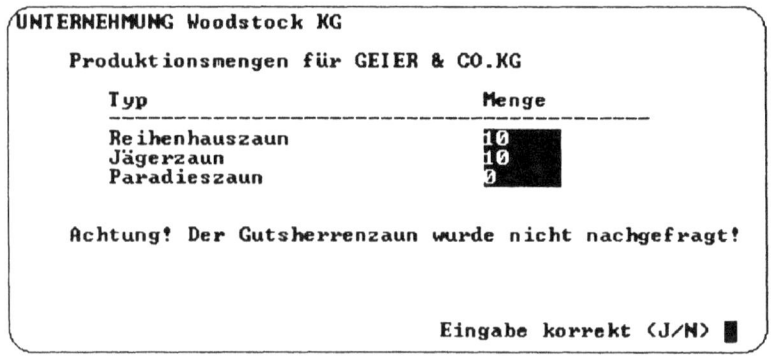

Mit den Entscheidungen über den Imprägnierwannenkauf und die Filterinvestition sind die Eingaben der 3. Periode beendet.

3. Planspielperiode

```
UNTERNEHMUNG Woodstock KG

Soll die Imprägnierwanne gekauft werden? Letzte Möglichkeit?   (J/N) J

                                           Eingabe korrekt (J/N) ■
```

```
UNTERNEHMUNG Woodstock KG

Entscheidung über den Einbau des Filters

Soll der Filter zur Schadstoffreduzierung gekauft werden (J/N) J


                                           Eingabe korrekt (J/N) ■
```

Anschließend werden die Ergebnisse der kurzfristigen Erfolgsrechnung ausgegeben und an die Spielmannschaften verteilt.

Unternehmung

Woodstock KG

Deckungsbeitragsrechnung für April 1992:

```
Typ                    Stck   Ø-        var.       Deckungs-
-----                         Preis     Kosten     beitrag
Name                          (DM/St)   (DM/St)    (DM)
---------------------------------------------------------------

Gutsherrenzaun         130    199.00    150.00      6370.00
Frh.v.Meckernich

Reihenhauszaun          70    117.14     70.00       300.00
Trautes Heim

Jägerzaun               60    185.00    110.00      4500.00
Waidmanns Heil

Paradieszaun            60    340.00    160.00     10800.00
Diesseits von Eden
---------------------------------------------------------------

Summe                                              24970.00
                                                  =========

Betriebsergebnis für April 1992:

              Deckungsbeitrag               24970.00
            + Erlös verk. Maschinen          4000.00
            - Fixkosten (Grundblock)        23175.00
            - Marktforschungskosten          3000.00
            ------------------------------------------
              Gewinn                         2795.00
            ==========================================
              kumulierter Gewinn            23095.00
              bis April 1992
            ==========================================
```

3. Planspielperiode 77

Dieses Rundschreiben erinnert an das schwelende ökologische Problem, das sich nicht von selbst erledigt.

```
Rundschreiben an alle
Mitglieder des Verbandes
H o l z w u r m    e. V.
-----------------------------------------------------
An die Geschäftsleitung der Firma

Woodstock KG in Oberholz!
```

Wir weisen unsere Mitglieder darauf hin, daß eine gesetzliche Verordnung zum Einbau hochleistungsfähiger Filteranlagen in einigen Monaten in Kraft treten wird.

Die aufgrund dieser Verordnung zu installierende Filteranlage dürfte um ca. 20 % teurer sein als das Ihnen unterbreitete Angebot der Firma Saubermann GmbH & Co. KG, auf das wir in unserem letzten Rundschreiben hingewiesen haben.

Bemerken möchten wir noch, daß die gesetzliche Verordnung für alle bis Ende des Monats in Betrieb befindlichen Anlagen Bestandsschutz gewährt, d. h. daß die den demnächst gültigen strengeren Vorschriften nicht entsprechende Anlage von Saubermann nicht ersetzt werden muß.

Mit freundlichem Gruß

Heinz Lothar Grob

- VERBANDSVORSITZENDER -

Besprechung der 3. Spielperiode

Der Moderator sollte am Schluß der drei Perioden umfassenden ersten Planspielphase folgendes Resümee ziehen:

Die 3. Spielperiode gilt als die Periode mit dem *Paukenschlag*. Wer hätte gedacht, daß die Heimwerkerkette HELP YOURSELF, mit der schon jahrelang gute Geschäftsbeziehungen bestanden haben, plötzlich in Konkurs gehen würde? Optimismus - eine wichtige Unternehmereigenschaft - war gefragt. Tatsächlich besserte sich die Auftragslage. Insbesondere die Teilnahme an einer Ausschreibung der Stadt bot Gelegenheit, unternehmerisches Fingerspitzengefühl bei der Kalkulation von Preisen und Angebotsmengen zu beweisen.

Die Entwicklung der ökonomischen Seite der Unternehmung gab also zu Optimismus Anlaß - aber: Wie sieht die ökologische Seite aus? Welche Unternehmung hat mittlerweile einen Filter eingebaut, um die Emission zu mindern? Zwar wäre die Öko-Investition auf freiwilliger Basis erfolgt - doch sollte die Umwelt nicht auch freiwillig geschont werden? (Viel Zündstoff für eine spontane Diskussionsrunde!)

Zum Schluß der Besprechung sollte der Moderator die Gewinnverteilung nach der 3. Periode bekanntgeben. Dann sollte er darauf hinweisen, daß in der 2. Phase des Planspiels der *ökologische* Aspekt vertieft wird. Bisher brachte das neue Umweltbewußtsein nur *Probleme* für die Unternehmungen mit sich, die sich in schärfer werdenden Auseinandersetzungen mit Bürgern und Behörden äußerten. Ab der nächsten Periode wird sich zeigen, daß das neue ökologische Bewußtsein nicht nur Nachteile für Unternehmungen, sondern auch spezielle Chancen zur Gewinnsteigerung bietet. Vielleicht gibt es sogar einen Zusammenhang zwischen diesen beiden Aspekten?

3. Planspielperiode

Auch auf dem ökonomischen Sektor bietet die 2. Phase neue Aufgaben. Während in der 1. Phase die Entscheidungsprobleme vorwiegend *rechnerischer* Natur waren, sich also als Planungsprobleme darstellten, sind in der 2. Phase *qualitative Leistungen* relevant, bei denen Kreativität, Innovativität, Witz und Formulierungskünste belohnt werden. Mehr soll(te) noch nicht verraten werden.

Den "Filterlosen" sei gesagt:

Das Emissionsproblem löst sich nicht in Luft auf!

4. Planspielperiode

Die vierte Planspielperiode läuft in folgenden 7 Phasen ab:

1. "Vorlesung" des Moderators über die Innovation eines neuen Produktes - des Öko-Zauns.

2. Erarbeitung und Bewertung des qualitativen Teils der Werbung für den Öko-Zaun.

3. Durchführung einer Pressekonferenz zum Thema Ökonomie vs. Ökologie.

4. Eingabe der Noten bezüglich der Qualität der Werbung und der Pressekonferenz in den PC.

5. Eingabe der Entscheidungen zur Quantität der Werbung.

6. Bearbeitung von Marktforschungsergebnissen.

7. Ausgabe der kurzfristigen Erfolgsrechnung.

Zum Auftakt der 2. Phase des Öko-Unternehmensplanspiels ist der folgende Text den Teilnehmern vorzulesen - wenn möglich, mit schauspielerischem Talent.

4. Planspielperiode

Gegen Ende der dritten Spielperiode hatte jemand aus dem Kreis der Mitarbeiter eine neue Idee.

Es fing damit an, daß in den Arbeitspausen immer mehr über Probleme des Umweltschutzes diskutiert wurde. Beispielsweise über die Rolle der Chemischen Industrie, ohne die ökologische Probleme vermutlich gar nicht gelöst werden können, über wirtschaftliche Vorteile des Recycling, über Umweltschutz im eigenen Haushalt, über das Duale System bis hin zum Bau von Biohäusern. Bei dem Stichwort "Bio-Bau" kam das Thema auf Holzimprägnierung und auch auf das umstrittene Präparat Xyz, das in der eigenen Unternehmung *schon immer* zum Imprägnieren verwendet wurde.

"Xyz *imprägniert* genau so lange, wie es *stinkt!*"

Ein Mitarbeiter ging nicht auf diesen Scherz ein und sagte mit großer Ernsthaftigkeit: "Xyz *stinkt* nicht nur! Es beeinträchtigt wegen seiner chemischen Zusammensetzung unsere *Umwelt!*"

Sofort bildete sich eine Gegenpartei, die beschwichtigend darauf hinwies: "Die Belastung mit Schadstoffen ist verschwindend gering im Vergleich zu dem, was uns von der Chemischen Industrie und auch von den Landwirten, die mit ihrer Gülle Bäche und Flüsse verschmutzen, zugemutet wird!"

Schließlich hieß es: "Außerdem *macht* es den Käufern unserer Holzzäune gar nichts aus. Sie *wissen* es wahrscheinlich gar nicht."

In dem Moment wurde die neue Idee geboren. "Dann müssen *wir* eben einen Zaun auf den Markt bringen, der *nicht* mit umweltbelastenden Präparaten imprägniert ist, sondern mit umweltfreundlichen Stoffen, z. B. mit Wasserfarbe - natürlich nicht wasserlöslich."

Die ewigen Pessimisten sagten:

"Wird viel zu teuer!"

"Dafür gibt's doch keinen Markt!"

"Wir haben doch eine so hohe Imprägnierwannen-Kapazität!"

Die Optimisten *bestärkten* den Vorschlag:

"*Das ist eine Chance für unsere Unternehmung!*"

"*Wir müssen unsere Kunden eben überzeugen!*"

"Damit kann man *Geld verdienen* und *Arbeitsplätze sichern!*"

Und so ging es weiter:

Die Geschäftsleitung nahm den Verbesserungsvorschlag mit Interesse zur Kenntnis, wollte jedoch keine unüberschaubaren Risiken eingehen und beschloß daher, einen Versuchsballon zu starten. Der *Gutsherrenzaun* sollte - optisch leicht verändert - gleich im nächsten Monat als Öko-Zaun auf den Markt gebracht werden.

Die Fertigungsstufe Imprägnierung braucht vom Öko-Zaun also nicht mehr durchlaufen zu werden. Es wird nicht mehr imprägniert, sondern *lackiert*.

Der Geschäftsleitung war klar, daß der Erfolg des Öko-Zauns mit der Qualität eines von ihr zu entwickelnden absatzpolitischen Konzepts steht und fällt. Sie vermutet zu recht, daß die Absatzwirkung dieser Werbemaßnahme sowohl von *qualitativen* als auch von *quantitativen* Determinanten abhängig ist. Auch ist sie sich dessen bewußt, daß die Werbewirkung langfristiger Natur ist, also die gesamte zweite Phase des Planspiels betrifft. Deshalb bemüht sie sich bei der Entscheidung vor allem um Kreativität, denn die Konkurrenz ist groß.

4. Planspielperiode 83

Nun können die Ausgangsdaten für die 4. Periode ausgehändigt werden.

Kapazitäten der Unternehmung

Woodstock KG in Oberholz

im Monat Mai 1992

Sägerei   792   Std
Montage   1226   Std
Imprägnierung   888   Std

HINWEIS: Bei den Fertigungsstufen 1 und 2 konnten durch Einführung von Just-in-Time-Konzepten die Kapazitäten erhöht werden!

Im Monat Mai kann aus produktionstechnischen Gründen nur der Öko-Zaun hergestellt werden!

Überschüssige Elemente werden als Gutsherrenzaun abgesetzt. Allerdings leider nur zu 200 DM pro Zaunelement.

Von ADMIRAL FUTURE wird z. Z. eine Marktanalyse zur Festlegung des Einführungspreises für den Öko-Zaun durchgeführt. Ergebnisse treffen in ca. 1 Std. ein!

****

Ein Mitglied der Geschäftsleitung ist für eine ehrenhafte Aufgabe freizustellen. Die Erledigung der Aufgabe dauert ca. 60 Minuten. - Bitte in ca. 5 Minuten bei Herrn Heinz Lothar Grob melden!

****

Letzte Meldung:

Direktor Jörg Henneböle hat die Imprägnierkapazität für den Monat Mai mit großem Verhandlungserfolg vermietet. Die Mieteinnahme setzt sich aus einem Sockelbetrag von 15000 DM und einem stundenabhängigen Betrag von 5 DM zusammen.

Weitere Informationen zur 4. Periode

Produktionskoeffizienten des neuen Öko-Zauns

Sägerei: 3 Std/Element
Montage: 4 Std/Element

Die variablen Kosten pro Stück des neuen Öko-Zauns belaufen sich auf 190 DM.

Aufgaben

1. Gestaltung der qualitativen Werbung

   Festlegung eines werbewirksamen Produktnamens für den neuen Öko-Zaun. Formulierung eines markanten Werbeslogans und eines informativen Textes sowie Anfertigung einer grafischen Darstellung zur Gestaltung einer Anzeige.

2. Entscheidungen über die Quantität der Werbung

   Entscheidung über die Quantität der Anzeigen. Hierbei sind folgende Fragen zu klären: Ganz- oder halbseitig? Farbig oder schwarz-weiß? Einmal oder zweimal? Die unten stehenden Preise gelten für schwarz-weiß-Anzeigen. Bei einer farbigen Gestaltung wird ein Aufschlag von 30 % erhoben.

Preise	einmaliges Erscheinen	zweimaliges Erscheinen
halbseitig	3 000 DM	5 000 DM
ganzseitig	6 000 DM	8 000 DM

4. Planspielperiode

Zeitkonzept

Der folgenden Phase von Öko liegt ein ausgetaktetes Zeitkonzept zugrunde, bei dem das Ziel verfolgt wird, sämtliche Planspielteilnehmer permanent zu beschäftigen, um Wartezeiten zu vermeiden: Während die Planspielgruppe das Werbekonzept erarbeitet, liest sich die Jury in Bewertungsfragen ein. Während der Bewertungsphase der Jury bereitet sich die Planspielgruppe auf die Pressekonferenz vor. Dem Moderator obliegt es, für sinnvolle zeitliche Vorgaben zu sorgen.

Wenn Öko an zwei Tagen gespielt wird, könnte das Werbekonzept als "Hausarbeit" ohne Zeitvorgabe aufgegeben werden. In diesem Fall wäre zu empfehlen, daß der Moderator zu Beginn der zweiten Phase von Öko die Funktion der Jury übernimmt und mit geringem zeitlichen Aufwand eine pauschale Bewertung vornimmt.

Beurteilung der Qualität der Werbung

Die qualitativen Leistungen der Planspielunternehmen bei der Erarbeitung ihres Marketingkonzepts sind entweder vom Moderator, von Dritten (z. B. Angehörigen der Presse) oder von einer Jury, die sich aus Abgeordneten jeder Unternehmung zusammensetzt, zu bewerten. Nur wenn genügend Zeit und Neigung besteht, sollte eine systematisch arbeitende *Jury* eingesetzt werden. In diesem Fall ist nach der Besprechung der Aufgabenstellung aus jeder Unternehmung ein Mitglied für eine "ehrenhafte Aufgabe" abzustellen.

Die Jury muß sich an einem möglichst abgeschirmten Raum zusammensetzen und sich zunächst mit ihren Aufgaben vertraut machen. Zu diesem Zweck sind ihr die "Hinweise für die Jury"[1] auszuhändigen.

Bewertungskonzept für die Jury

Die erste Aufgabe der Jury besteht darin, die Werbung für den neuen Zaun zu bewerten, die zweite Aufgabe betrifft die Bewertung der Firmendarstellung bei der Pressekonferenz. Für jeden Aufgabentyp ist eine Note zu vergeben.

Da die Bewertung der Werbung nicht pauschal, sondern detailliert erfolgen sollte, ist zunächst für jeden Aufgabenbereich innerhalb der Jury eine Kriterienhierarchie zu vereinbaren. Ein Hinweis auf die Analogie zu den Bewertungskriterien des Deutschlehrers bei der Beurteilung von Aufsätzen (Inhalt, Form, Ausdruck, Aussage, früher auch: Schrift) oder zu den Produktbewertungen bei der "Stiftung Warentest" dürften helfen, die Aufgabe besser zu verstehen.

Die unten dargestellten Kriterienhierarchien sind nur als Beispiele zu verstehen, die dann verwendet werden sollten, wenn die Jury keinen eigenen Entwurf entwickeln möchte. Auch besteht die Möglichkeit, die Beispiele als *Muster* vorzugeben, das von der Jury abzuwandeln ist.

Im folgenden wird ein Beispiel zur Beurteilung der Qualität der Marketingmaßnahmen für den Öko-Zaun dargestellt.

---

[1] Eine Kopierunterlage befindet sich in Teil 3.

4. Planspielperiode

Beispiel

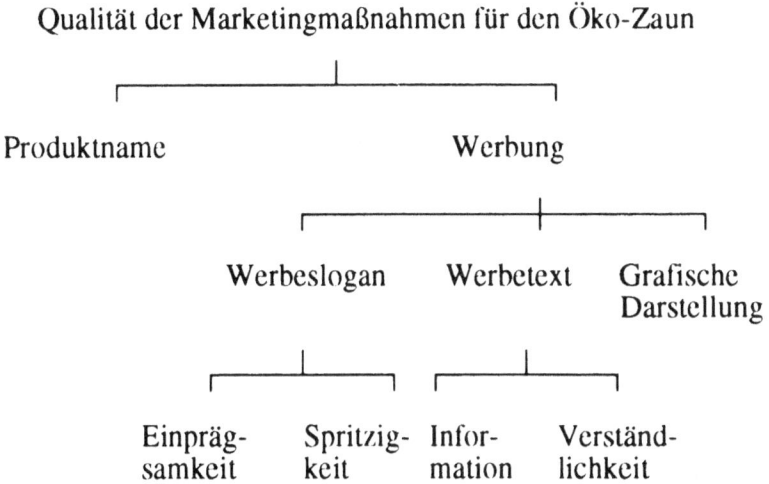

Die Kriterien müssen anschließend mit Kriteriengewichten, aus denen die von der Jury subjektiv empfundene Bedeutung hervorgeht, versehen werden. Die Summe der Kriteriengewichte ist auf der obersten Hierarchieebene sowie bei jedem Unterkriterium gleich eins. Dies kann in der folgenden Abbildung nachvollzogen werden.

Beispiel

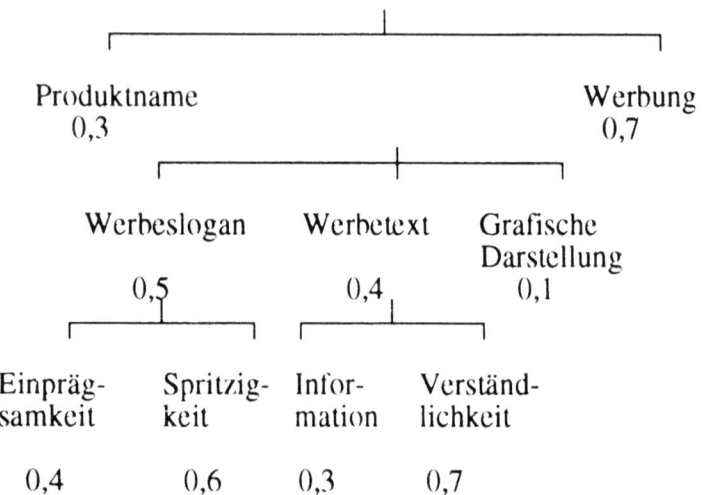

Selbst wenn die hier als Beispiel dargestellte Kriterienhierarchie von der Jury unverändert übernommen wird - bei den Kriterien*gewichten* sollte sie ihre eigene Einschätzung autonom zum Ausdruck bringen. Wichtig ist, daß diese Vorarbeiten abgeschlossen sind, wenn die Entwürfe der Unternehmungen der Jury eingereicht werden.

Die Planspielpraxis hat bewiesen, daß die Jury so viel Eigenleben entwickelt, daß eine Zuordnung der Anzeigen auf die Unternehmungen zum Zweck der Anonymisierung nicht verschlüsselt werden muß.

Die Entwürfe der Spielmannschaften sind nun detailliert nach den von der Jury festgelegten Kriterien zu bewerten. Hierbei ist für jedes Kriterium der untersten Ebene eine Teilnote zu vergeben.

4. Planspielperiode

Als Bewertungsschema gelten die Schulnoten:

1 = sehr gut
2 = gut
3 = befriedigend
4 = ausreichend
5 = mangelhaft

Auch gebrochene Teilnoten, wie z. B. 1,5 oder 4,67 können von der Jury vergeben werden.

Anzuregen ist, daß bei der Bewertung nicht unbedingt die volle Notenskala ausgenutzt werden sollte, damit das Planspiel nicht zu sehr an den Ernstfall "Schule" erinnert.

Beispiel

Kriterien	Note
Produktname	2
Einprägsamkeit des Werbeslogans	3
Spritzigkeit des Werbeslogans	4
Information des Werbetextes	2
Verständlichkeit des Werbetextes	2
Grafische Gestaltung	3

In der letzten Phase der Bewertung erfolgt eine Verdichtung zu einer Gesamtnote. Hierbei sind die Kriteriengewichte der einzelnen Stufen der Hierarchie zu berücksichtigen. Die Gesamtnote ist nichts anderes als ein gewogenes arithmetisches Mittel der einzelnen Teilnoten.

Beispiel zur Ermittlung der Gesamtnote für die Produktwerbung:

$0,3 \cdot 2 + 0,7 \cdot 0,5 \cdot 0,4 \cdot 3 + 0,7 \cdot 0,5 \cdot 0,6 \cdot 4 + 0,7 \cdot 0,4 \cdot 0,3 \cdot 2 + 0,7 \cdot 0,4 \cdot 2 + 0,7 \cdot 0,1 \cdot 3 = 2,69$

Die Jury sollte vor der nächsten Aktivität - einer Pressekonferenz - ihre Notenvergabe bekanntgeben und kurz begründen (wenn möglich, mit einem Schuß Humor!). Bei dieser Gelegenheit könnten die zur Pressekonferenz versammelten Sprecher ihre *Werbeslogans* vorgetragen.

Die Eingabe der Noten in den PC findet *nach* der Pressekonferenz statt.

4. Planspielperiode

Dieser Brief beschäftigt die Gruppe, während die Jury noch tagt. Der Firmenvertreter sollte von seinen Gruppenmitgliedern in bezug auf das Thema Ökonomie vs. Ökologie "gebrieft" werden.

Münster - K u r i e r

Münster

Firma
Woodstock KG

1223 Oberholz

Münster, den 3. Mai 1992

Sehr geehrte Damen und Herren der Geschäftsleitung,

wir laden Sie herzlich zu einer Podiumsdiskussion zum Thema Ökonomie vs. Ökologie ein und möchten Ihnen Gelegenheit geben, Ihr neues Öko-Produkt zu präsentieren. Außerdem sollte Ihre Haltung in der Filterfrage einer interessierten Öffentlichkeit transparent gemacht werden.

Schließlich sollten auch allgemeine Fragen zu dem interessanten Thema Ökonomie vs. Ökologie diskutiert werden. Rückfragen beantwortet unser Chef-Redakteur Heinz Lothar Grob.

Mit freundlichem Gruß

der Münster-Kurier

Durchführung der Pressekonferenz

Die Pressekonferenz kann der Höhepunkt des Planspiels werden. Natürlich hängt dies von der Präsentationsfähigkeit der Mitspieler, von ihren rhetorischen Fähigkeiten, ihrer Kreativität, Spontanität und nicht zuletzt ihrem Wissensstand über Ökologie und Ökonomie ab. Die Themen wurden ja mit der Einladung bekanntgegeben, so daß sich jeder Firmenvertreter gezielt vorbereiten kann.

Als Moderator können Sie nur für einen guten organisatorischen Rahmen sorgen und für ein optimal "getimetes" Ende der Pressekonferenz. Die Heuristik des Volksmunds "Wenn's am besten schmeckt, sollte man aufhören" ist - vielleicht mit einem gewissen Verzögerungseffekt - zu beherzigen.

Zu den organisatorischen Rahmenbedingungen gehört, eine Tischreihe als Podium aufzubauen, das Anfertigen von Namensschildern der Firmenvertreter zu veranlassen und dafür zu sorgen, daß die Zuhörer nicht zu weit (und unbeteiligt) entfernt sitzen. Im wahrsten Sinne des Wortes kommt in dieser Phase viel *Bewegung* ins Planspiel.

Nachdem die Diskutanten Platz genommen haben, sollten Sie als Moderator einige zündende Begrüßungsworte sprechen, damit *erstens* Ruhe einkehrt und *zweitens* die Wichtigkeit dieser Veranstaltung für die Wettbewerbsposition der Planspielunternehmungen deutlich wird. Die Ansprache könnte bei einer Öko-Veranstaltung mit Schülern folgenden Inhalt haben:

"Ich freue mich, zu der heutigen Podiumsdiskussion über Fragen zum Verhältnis von *Ökonomie und Ökologie* Vertreter namenhafter Firmen der holzverarbeitenden Industrie begrüßen zu dürfen. Ich darf anerkennend sagen, daß Sie trotz der angespannten und arbeitsintensiven Konjunkturlage die Gelegenheit

4. Planspielperiode

gefunden haben, Ihre Firma, Ihr neues Produkt und Ihre Einstellung zur Ökologie zu präsentieren. (Beifall der Zuhörer!)

Auf der anderen Seite begrüße ich interessierte Schüler, die trotz der angespannten und stressigen Situation, die der Schulalltag mit sich bringt, Gelegenheit gefunden haben, der Podiumsdiskussion als Zuhörer, aber auch als aktiver Befrager beizuwohnen. (Beifall der Podiumsmitglieder!)

Ich bitte nun die Firmenvertreter, sich und ihre Firma kurz vorzustellen. Ihre Zeitscheibe ist drei Minuten.

Nach der Vorstellung Ihrer Firmen wollen wir folgende drei Themen diskutieren:

1. das neue Produkt - der Öko-Zaun,
2. die Filteranlagenproblematik und
3. allgemeine Fragen zum Thema Ökologie vs. Ökonomie.

Sie haben das Wort!"

Sicherlich werden die Schüler provozierende Fragen stellen, die die Podiumsdiskussion lebhaft werden lassen. Falls derartige Fragen nur schleppend kommen, könnten Sie selbst folgende Fragen stellen:

Fragen zum 1. Thema:

Mußte der Öko-Zaun erst so spät entwickelt werden - mußte die Umwelt so lange geschädigt werden?

Fault der neue Öko-Zaun nach zwei Jahren weg?

Werden die Konsumenten geschröpft? Schwimmen die Unternehmungen auf der Öko-Welle?

Fragen zum 2. Thema:

Warum muß *überhaupt* Holz verbrannt werden?

Was geschieht mit der Wärme bei der Holzverbrennung?

Wie werden die Filter *entsorgt*? Vertagen wir die ökologischen Probleme?

Fragen zum 3. Thema:

Der eine sagt: Ökologie *kostet* Geld.
Der andere sagt: Ökologie *bringt* Geld.
Wer hat recht?

Schafft Ökologie Arbeitsplätze oder werden welche *vernichtet*?

Entstehen Wettbewerbsprobleme auf internationaler Ebene durch Öko-Investitionen in Deutschland? Müssen *wir* eine Vorreiterrolle spielen?

Muß der Staat subventionieren?

Zum Schluß sollte jeder Teilnehmer der Diskussionsrunde ein Statement in Form eines kurzen Satzes zum Verhältnis Ökologie und Ökonomie abgeben. Eine Minute Bedenkzeit! Der erste hat es vielleicht am schwersten, der letzte sicherlich nicht am leichtesten. In dieser Phase sollte auch im Publikum äußerste Ruhe herrschen.

Hier einige authentische Beispiele aus den ersten Öko-Veranstaltungen:

Ökologie muß durch Ökonomie subventioniert werden.
Ohne Ökologie keine Ökonomie.
Ökonomie ist nur das Werkzeug, um die Ökologie zu erhalten.

4. Planspielperiode

Ökonomie und Ökologie sind Geschwister, die sich manchmal streiten, letztlich aber zusammenhalten.

Die Statements sollten nicht diskutiert werden. Je kontroverser sie sind, desto mehr Nachdenklichkeit erzeugen sie. Sie wirken nach, wenn wieder zum "Planspielalltag" übergegangen wird.

Nach der Pressekonferenz sollte die Jury die Noten für die Werbung und die Firmendarstellung eingeben.

```
Herr Heinz Lothar Grob!


Sobald die Jury ihre Bewertung beendet hat,
sollte ein Jurymitglied die Eingabe der Gesamtnoten vornehmen!


                         Weiter? - Bitte RETURN-Taste drücken!
```

```
EINGABE DER    J U R Y

Woodstock KG

Gesamtnote für die qualitative Gestaltung der Werbung
für den öko-Zaun
Hinweis: Gebrochene Noten mit Dezimalpunkt eingeben!
         (Noten zwischen 1 und 6)
     1. Gesamtnote: 1.50

Gesamtnote für die Firmendarstellung auf der Presse-
konferenz
Hinweis: Gebrochene Noten mit Dezimalpunkt eingeben!
         (Noten zwischen 1 und 6)
     2. Gesamtnote: 2.25
                            Eingabe korrekt (J/N) ■
```

Abschließend erfolgen die Eingaben der Spielmannschaften über die Entscheidungen zur *Quantität* der Werbung.

```
Herr Heinz Lothar Grob, bitte sorgen Sie dafür,
daß die Spielmannschaften ihre Entscheidungen über
die Anzeigengestaltung zur Firmendarstellung eingeben!



            Wenn es losgehen soll, bitte die RETURN-Taste drücken
```

```
EINGABEN DER SPIELMANNSCHAFTEN


Woodstock KG
Soll die Anzeige halbseitig oder ganzseitig erscheinen?
Geben Sie bitte ein 'h' oder ein 'g' ein...............: ganzseitig
Soll die Anzeige einmal oder zweimal erscheinen?
Geben Sie bitte '1' oder '2' ein.......................: zweimal
Schwarz-weiß oder farbige Anzeige?
Geben Sie bitte ein 's' oder ein 'f' ein...............: farbig

                                          Eingabe korrekt <J/N> ■
```

4. Planspielperiode

Diesen anonymen Brief erhalten natürlich nur die "Filterlosen". Er sollte vom Moderator laut verlesen werden.

++

An die
Geschäftsleitung

der Firma

Woodstock KG

in Oberholz

    Ihr

    Schornstein

    verpestet

    unsere Kinder!

    So geht

    das nicht

    weiter !!!!

Wir warten nicht mehr lange!

++

Diese Marktanalyse ist von jeder Gruppe "per Spielregel" bestellt worden. Sonst würde die Geschäftsleitung im Nebel stochern. Die Aufgabenstellung verlangt ein wenig analytisches Gespür, vor allem aber gründliches Lesen.

Marktforschungsinstitut

ADMIRAL FUTURE

Firma
Woodstock KG
1123 Oberholz

Bielefeld, den 4. Mai 1992

Sehr geehrte Damen und Herren der Geschäftsleitung,

auftragsgemäß übersenden wir Ihnen eine Marktanalyse für Ihren neuen Öko-Zaun. Aus der unten stehenden Tabelle geht die Höhe der Nachfrage in Abhängigkeit von alternativen Preisen hervor. Hierbei konnten wir den Erfolg Ihrer Zeitschriftenwerbung (Wiederholung usw.) bereits berücksichtigen. Bezüglich der qualitativen Gestaltung der Werbung sind wir von einer mittelmäßigen Wirkung ausgegangen. Bei einer überdurchschnittlich guten kreativen Leistung bezüglich der Namensfindung des neuen Zauns sowie bei einer überzeugenden und informativen Formulierung des Werbespruchs dürfte die Nachfrage erheblich höher sein. Auch die Firmendarstellung auf der Pressekonferenz übt einen Einfluß auf die Nachfrage aus. Bei sehr guter Beurteilung Ihrer kreati-

4. Planspielperiode

ven Leistung bezüglich der Werbung für den Öko-Zaun und die Firmendarstellung wird sich die Nachfrage mehr als verdoppeln.

Bei einer qualitativ unzureichenden Werbung wird die Nachfrage natürlich niedriger ausfallen!

```
Preis des Öko-Zauns      prognostizierte Nachfrage
    [DM/Stck]                    [Stck]
-----------------------------------------------------
     200                          577
     220                          521
     240                          460
     260                          405
     280                          344
     300                          279
     320                          226
     340                          160
     360                          100
     380                           41
```

Für unsere Analyse berechnen wir Ihnen 5350 DM.

Mit freundlichen Grüßen

gez. ADMIRAL FUTURE

Hinweise zur Entscheidung über den Preis und die Produktionsmenge

Die Festlegung des Preises und der Produktionsmenge des Öko-Zauns stellen im Prinzip Entscheidungen unter Ungewißheit dar, da die Nachfrage von der Qualität der Werbung und der Pressekonferenz abhängig ist und die Schnittstelle zwischen Qualität und Quantität nicht exakt spezifiziert ist. Außerdem ist noch eine Zufallskomponente in das Modell der Marktreaktionsfunktion eingebaut worden.

Die Ungewißheit wird jedoch durch Bekanntgabe der Jury-Bewertungsergebnisse in Grenzen gehalten. Die Informationen sind wie folgt zu verarbeiten: Die durch das Marktforschungsinstitut erhobene Preis-Nachfrage-Kombination geht von der Jury-Note "befriedigend" für die qualitative Gestaltung der Werbung aus. Eine Spitzenbewertung mit der Note "sehr gut" führt zu mehr als einer Verdoppelung der Nachfrage bei jedem Preis. Noten zwischen "befriedigend" und "sehr gut" verlangen nach einer Interpolation der Nachfrage. Anzumerken ist, daß auch "dazwischenliegende Preise" erlaubt sind. Anzuraten ist, eine grafische Darstellung zu erarbeiten, um die Optimierung zu visualisieren. Zu beachten ist, daß die Note für die Firmendarstellung bei der Pressekonferenz nicht so stark auf die Nachfrage wirkt wie die Note für die Qualität der Marketingmaßnahmen für den Öko-Zaun.

Eine zu *niedrige* Schätzung der Nachfrage beim Öko-Zaun verursacht entgehende Gewinne durch nicht befriedigte Nachfrage. Diese Information erhält nur der Moderator in seinem Moderator-Papier. Er kann sie selbstverständlich an die Unternehmungen weitergeben.

Eine zu *hohe* Schätzung führt zu einem entgehenden Gewinn, da der Gutsherrenzaun einen weitaus niedrigeren Deckungsbeitrag erwirtschaftet als der Öko-Zaun. Die Abrechnung wird automatisch vom Programm vorgenommen.

4. Planspielperiode

Beispiele

Die Prognose für zweimaliges, ganzseitiges Erscheinen der Anzeige in Farbe lautet:

Preise des Öko-Zauns [DM/Stck]	prognostizierte Nachfrage [Stck]
200	591
220	519
240	455
260	398
280	338
300	287
320	222
340	162
360	103
380	41

Und das wäre die Prognose gewesen bei einmaligem, halbseitigem Erscheinen der Anzeige in schwarz-weiß.

Preise des Öko-Zauns [DM/Stck]	prognostizierte Nachfrage [Stck]
200	558
220	489
240	441
260	371
280	313
300	258
320	198
340	137
360	78
380	18

Lohnte sich der Mehrbetrag an Werbekosten überhaupt?

Nun sind die Entscheidungen über den Öko-Zaun und den Filterkauf einzugeben.

```
UNTERNEHMUNG Woodstock KG

Entscheidungen über den    ö k o   -   Zaun
    Geben Sie den Namen des öko-Zauns ein: Greeny
                              Preis: 340
                    Produktionsmenge: 250


                                    Eingabe korrekt (J/N) ▋
```

```
UNTERNEHMUNG Woodstock KG


    Entscheidung über die Anschaffung des Filters

    Soll der Filter angeschafft werden (J/N) J



                                    Eingabe korrekt (J/N) ▋
```

4. Planspielperiode

Die Ergebnisse der kurzfristigen Erfolgsrechnung dürften mit Spannung erwartet werden, da erstmalig im Planspielablauf die Ungewißheit eine Rolle spielt.

Unternehmung

Woodstock KG

```
Deckungsbeitragsrechnung für Mai 1992:

Typ              Stck    Preis     var.      Deckungs-
-----                              Kosten    beitrag
Name                     (DM/St)   (DM/St)   (DM)
-----------------------------------------------------

Öko-Zaun         250     340.00    190.00    37500.00
Greeny

-----------------------------------------------------

Summe                                        37500.00
                                             =========


Betriebsergebnis für Mai 1992:
                 Deckungsbeitrag              37500.00
               + Mieterträge                  19440.00
               - Fixkosten (Grundblock)       23175.00
               - Kapitaldienst Wanne            393.00
               - Marketingkosten              15750.00
                 ------------------------------------
                 Gewinn                       17622.00
                 ====================================
                 kumulierter Gewinn           40717.00
                 bis Mai 1992
                 ====================================
```

Kapazitätsauslastung für Mai 1992:

```
Fertigungs-  Kapazität  Beschäf-   Leerzeit  Beschäf-
stufe                   tigungs-             tigungs-
                        zeit                 grad
             (Std.)     (Std.)     (Std.)    (%)

Sägerei      792        750        42        95

Montage      1226       1000       226       82
```

Anmerkungen

- Die Imprägnierung ist im Abrechnungsmonat vermietet worden.

- Da die beiden anderen Fertigungsstufen Leerzeiten aufweisen, sind Deckungsbeiträge "verschenkt" worden. Aufgrund der Datensituation wäre es sinnvoll gewesen, *mehr* zu produzieren.

- Die Stillegung von 15 % der Kapazität in der 3. Spielperiode (vgl. S. 70) wird der Unternehmung Woodstock KG weh tun. Lohnt es sich eigentlich, den eventuellen Verlust im Sinne eines entgehenden Gewinns zu kontrollieren? Hierbei wären auch die Liquidationserlöse (die tatsächlichen und die am Ende der Nutzungsdauer zu erwartenden) zu beachten. Diese Überlegungen führen in die Diskussion um die Effizienz von Kontrollen ein.

4. Planspielperiode

Besprechung der 4. Spielperiode

In der 4. Spielperiode wird ausschließlich der Öko-Zaun nachgefragt. In der betriebswirtschaftlichen Theorie wird dieser Fall als Einproduktbetrieb bezeichnet. Diese Modellausprägung bietet den Vorteil, daß einige grundlegende absatzpolitische Zusammenhänge vereinfacht analysiert werden können. Dies ist beim Unternehmensplanspiel Öko bei der Entscheidungsfindung in der 4. Spielperiode beabsichtigt.

Die Planspielunternehmen hatten zur Beeinflussung der Nachfrage nach dem Öko-Zaun eine Fülle von Gestaltungsmöglichkeiten. Die Nachfrage konnte sowohl durch die Werbekampagne für den Öko-Zaun als auch durch die Präsentation anläßlich der Pressekonferenz und nicht zuletzt durch den Preis beeinflußt werden. Vielleicht ist die Nachfrage auch davon abhängig, ob eine schadstoffmindernde Filteranlage bereits installiert worden ist. Es ist durchaus vorstellbar, daß das Kaufverhalten der direkt Betroffenen von dieser erwarteten Maßnahme beeinflußt wird!

Bei der *qualitativen* Gestaltung der Werbung war Phantasie erforderlich. Die *quantitativen* Entscheidungen über die Intensität der Werbung durch ganz- oder halbseitige Anzeigen usw. erforderten dagegen analytische Überlegungen zur Gewinnprognose und zur Kapazitätsauslastung. So konnte z. B. folgende Wirtschaftlichkeitsrechnung durchgeführt werden:

Eine halbseitige farbige Anzeige kostet bei einmaligem Erscheinen 3 900 DM. Bei zweimaliger Werbung würde die Anzeige 6 500 DM kosten, also Mehrkosten von 2 600 DM verursachen.

Die Produktionskosten eines Elementes betragen 190 DM. Der Absatzpreis, der in diesem Stadium der Planung noch unbekannt ist und daher nur zu schätzen ist, soll im Vergleich zum

Gutsherrenzaun zur Lösung der Planungsaufgabe auf 280 DM pro Element festgesetzt werden. Eine endgültige Fixierung des Preises erfolgt zu einem späteren Zeitpunkt. Die Unternehmung würde bei dieser Preishöhe an einem Element 280 - 190 = 90 [DM] verdienen. Also müßten durch den Werbeeffekt des wiederholten Erscheinens der Anzeige mindestens 2600/90 = 29 [Elemente] mehr abgesetzt werden können, damit sich die Maßnahme lohnt.

Die Planung ist schwierig, da Ungewißheit über die Beeinflussung der Nachfrage durch die Werbung gegeben ist. Hinzu kommt, daß der Effekt ökologisch orientierter Werbeaussagen besonders schwer abgeschätzt werden kann.

Auf einer solideren rechnerischen Basis kann die *Preisfixierung* erfolgen, da der Einfluß des Preises auf die Nachfrage vom Marktforschungsinstitut mit an Sicherheit grenzender Wahrscheinlichkeit richtig prognostiziert worden ist.

Zur Bestimmung des Preises, der zum maximalen Deckungsbeitrag führt, sollten Alternativrechnungen mit variierenden Preis-Mengen-Kombinationen vorgenommen werden. Falls nicht in der 3. Periode ein Teil der Kapazität stillgelegt worden ist, können aufgrund der Kapazität in der Sägerei maximal 900/3 = 300 [Elemente] hergestellt werden. Niedrige Preise, die eine höhere Nachfrage erzeugen, die dann nicht befriedigt werden kann, sind nicht sinnvoll.

Die Spieler sollten also denjenigen Preis suchen, der mutmaßlich zu einer Absatzmenge von 300 Öko-Zäunen führt. Die Entscheidung kann durch grafische Darstellungen unterstützt werden.

5. Planspielperiode

Zu Beginn der 5. Periode werden die folgenden Daten ausgegeben:

Kapazitäten der Unternehmung

Woodstock KG in Oberholz

im Monat Juni 1992

Sägerei	792 Std
Montage	1226 Std
Imprägnierung	888 Std

Absatzinformationen

Im Monat Juni können wieder sämtliche Zauntypen hergestellt und abgesetzt werden.

Erwartete Absatzhöchstmengen für Ihre Unternehmung bei den Typen 1 - 4:

Gutsherrenzaun	205 Stck
Reihenhauszaun	114 Stck
Jägerzaun	103 Stck
Paradieszaun	23 Stck

Es gelten die alten Preise! (Auch der Preis des Gutsherrenzauns beträgt wieder 250 DM pro Element!)

Der Preis des Öko-Zauns kann neu festgelegt werden. Gegenüber dem letzten Monat wird mit einem Mengenwachstum von ca. 5 % gerechnet. Überschüssige Mengen werden als Gutsherrenzaun II zum Preise von 250 DM pro Element abgesetzt.

Letzte Meldung: Neuere Messungen der Luftverschmutzung haben ergeben, daß der Schadstoffausstoß die Grenzwerte erheblich übersteigt. Der Einbau eines Filters ist deshalb dringend erforderlich. Das Gewerbeaufsichtsamt hat allen Planspielunternehmungen, die den Filter noch nicht eingebaut haben, ein Beugungsgeld von 10000 DM angedroht. Der Filter ist spätestens zu Beginn der 6. Periode zu bestellen.

Bei der Preis- und Mengenentscheidung bezüglich des Öko-Zauns kann aus den Erfahrungen der 4. Periode gelernt werden. Allerdings ist die Situation in der 5. Periode durch die Konkurrenz der anderen Zauntypen und die knappe Kapazität planungstechnisch schwieriger. Vorrangig ist jedoch, die strategische Frage zu diskutieren, *ob überhaupt* imprägnierte Zäune hergestellt werden sollten. Die Entscheidung kann durchaus auf einer rechnerischen Grundlage erfolgen. Zu diesem Zwecke ist der Deckungsbeitrag der vollen Produktionspalette mit dem Deckungsbeitrag bei ausschließlicher Produktion von Öko-Zäunen zu vergleichen.

In dieser Phase des Planspiels kommt es immer wieder vor, daß Neueinstellungen, Überstunden oder Erweiterungsinvestitionen gefordert werden, da die Engpaßsituation als schmerzlich empfunden wird. Der Moderator kann entweder kurz und knapp auf das "gegebene" Planspielmodell, also auf die Spielregeln, verweisen, oder er kann etwas phantasievoller praktisch denkbare Arbeitsbeschaffungsprobleme, Aspekte der Zusammenarbeit mit dem Betriebsrat, lange Lieferzeiten bei Investitionsgütern usw. diskutieren.

5. Planspielperiode

Die Eingabe erfolgt getrennt nach normalen Zäunen und dem Öko-Zaun!

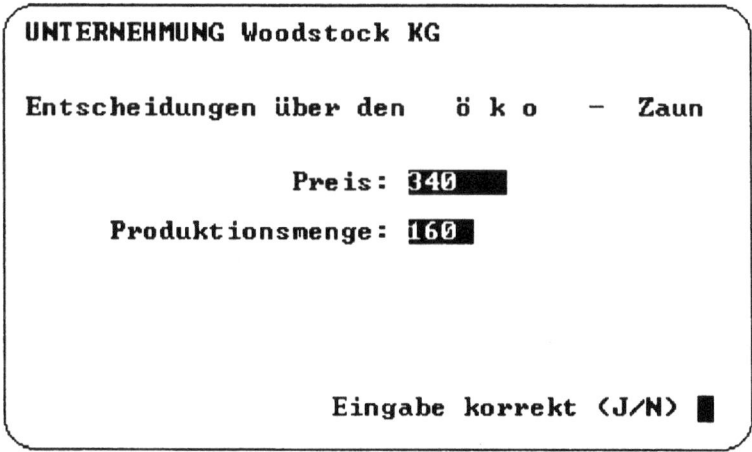

Noch immer zögert die Firma Woodstock KG die Anschaffung des Filters hinaus. Spekuliert sie auf Preisverfall oder wartet sie auf eine bessere Technologie?

Unternehmung

Woodstock KG

Deckungsbeitragsrechnung für Juni 1992:

```
Typ                   Stck    Preis      var.      Deckungs-
-----                                    Kosten    beitrag
Name                          (DM/St)    (DM/St)   (DM)
------------------------------------------------------------

Gutsherrenzaun         10     250.00     150.00     1000.00
Frh.v.Meckernich

Reihenhauszaun         20     120.00      70.00     1000.00
Trautes Heim

Jägerzaun              10     170.00     110.00      600.00
Waidmanns Heil

Paradieszaun           10     300.00     160.00     1400.00
Diesseits von Eden

Öko-Zaun              160     340.00     190.00    24000.00
Greeny
------------------------------------------------------------

Summe                                              28000.00
                                                  =========


Betriebsergebnis für Juni 1992:

              Deckungsbeitrag                      28000.00
              - Fixkosten (Grundblock)             23175.00
              - Kapitaldienst Wanne                  393.00
              ----------------------------------------------
              Gewinn                                4432.00
              ================================================
              kumulierter Gewinn                   45149.00
              bis Juni 1992
              ================================================
```

5. Planspielperiode

Besprechung der 5. Spielperiode

Der Moderator sollte bei der Besprechung der 5. Spielperiode *keineswegs die Rangfolge der Unternehmungen* verraten, da sonst in der letzten Periode bei den anstehenden Preis- und Mengenverhandlungen von den rangersten Unternehmungen "gemauert" werden könnte. Er sollte erörtern, daß die Entscheidungsfindung in der 5. Spielperiode komplizierter war als in der Vorperiode, da bei der Produktionsprogrammplanung nunmehr nicht nur der Öko-Zaun, sondern auch die herkömmlichen (imprägnierten) Zauntypen nachgefragt werden. Die Bestimmung der optimalen Zusammensetzung des Produktions- und Absatzprogramms ist schwieriger als in der Vorperiode. Während die alten Produkte *konstante* Deckungsbeiträge pro Stück aufweisen, ist der Deckungsbeitrag pro Stück beim neuen Produkt wegen der fallenden Preis-Absatz-Beziehung *variabel*.

Der Moderator könnte darauf hinweisen, daß die Nachfrage nach normalen Produkten von der Werbewirkung der Präsentation auf der Pressekonferenz beeinflußt wird. Die vom Preis und der Werbung sowie dem Erfolg der Pressekonferenz abhängige Nachfrage nach dem *Öko-Zaun* ist - abgesehen von Zufallsschwankungen - wegen der zunehmenden Bekanntheit in den relevanten Absatzmärkten gegenüber der Vorperiode gewachsen.

Bei der Besprechung der 5. Periode sollte auch die Verbandsmitteilung diskutiert werden. Aufgrund der neuen Situation können sich bezüglich der Entscheidung über den Einbau der Filteranlage kontroverse Standpunkte ergeben. Divergenzen könnten auch zwischen dem echten (unbekannt bleibenden) Motiv und der nach außen gerichteten Erklärung auftreten.

So könnten z. B. folgende Behauptungen vertreten werden:

- Wir warten auf die neue Verordnung, um langfristig einen bestmöglichen Umweltschutz zu gewährleisten.

- Wir warten auf die neue Verordnung, um kurzfristig zusätzliche Kosten zu vermeiden.

- Wir investieren sofort in eine neue Filteranlage, um in den Genuß des Bestandsschutzes zu gelangen.

- Wir investieren sofort in eine neue Filteranlage, um unverzüglich umweltschützend tätig zu werden.

6. Planspielperiode

Zunächst erfolgt die Ausgabe der neuen Daten. Bei Woodstock hat sich etwas Außergewöhnliches ereignet!

Kapazitäten der Unternehmung Woodstock KG aus Oberholz im Monat Juli 1992

Sägerei	992 Std
Montage	1225 Std
Imprägnierung	888 Std

HINWEIS: Kapazität der Sägerei um 200 Std vergrößert! Fixe Kosten steigen um 1200 DM!

Absatzinformationen

Im Monat Juli können sämtliche Zauntypen hergestellt und abgesetzt werden.

Erwartete Absatzhöchstmengen für Ihre Unternehmung bei den Typen 1 - 4:

Gutsherrenzaun	171 Stck
Reihenhauszaun	91 Stck
Jägerzaun	80 Stck
Paradieszaun	11 Stck

Es gelten die alten Preise!

Der Preis des Öko-Zauns kann neu festgelegt werden. Gegenüber dem letzten Monat wird mit einem Mengenwachstum von ca. 10 % gerechnet. Überschüssige Mengen werden als Gutsherrenzaun II abgesetzt!

Achtung!!! Öko-Lack für den Öko-Zaun ausgegangen! Kurzfristige Beschaffung nur durch Kauf von einer anderen Planspiel-Unternehmung möglich !! E i 1 t !
Bitte sofort Verhandlungen führen!!

Anmerkung:
In den variablen Kosten für den Öko-Zaun von 190 DM pro Element sind 30 DM an Materialkosten für den Öko-Lack enthalten.

Aber auch bei der Holzwurm GmbH ist etwas Besonderes eingetreten!

Kapazitäten der Unternehmung

Holzwurm GmbH aus Holzminden

im Monat Juli 1992

Sägerei	1100 Std
Montage	987 Std
Imprägnierung	810 Std

HINWEIS: Kapazität der Sägerei um 200 Std vergrößert! Fixe Kosten steigen um 1200 DM!

Achtung!!
Kapazität der Montage ist im Monat Juli personell bedingt um 30 % gesunken! Vorrat an Öko-Lack ist außergewöhnlich hoch! Verkauf von Öko-Lack könnte interessant sein! Abwarten!

Absatzinformationen

Im Monat August können sämtliche Zauntypen hergestellt und abgesetzt werden.

Erwartete Absatzhöchstmengen für Ihre Unternehmung bei den Typen 1 - 4:

Gutsherrenzaun	142 Stck
Reihenhauszaun	76 Stck
Jägerzaun	66 Stck
Paradieszaun	9 Stck

Es gelten die alten Preise!

Der Preis des Öko-Zauns kann neu festgelegt werden. Gegenüber dem letzten Monat wird mit einem Mengenwachstum von ca. 10 % gerechnet. Überschüssige Mengen werden als Gutsherrenzaun II abgesetzt!

Anmerkung:
In den variablen Kosten für den Öko-Zaun von 190 DM pro Element sind 30 DM an Materialkosten für den Öko-Lack enthalten.

6. Planspielperiode

Die 6. und letzte Spielperiode beginnt mit zwei Überraschungen. Die eine Hälfte der Planspielunternehmungen erhält die Information, daß ihr Lack für den ökonomisch und ökologisch interessanten Öko-Zaun ausgegangen ist. Um dieses Produkt zu produzieren, muß sie in Preisverhandlungen mit Unternehmungen treten, die über genügend Öko-Lack verfügen. Die zweite Überraschung erlebt die andere Hälfte der Spielteilnehmer: In der Montage fallen 30 % der Kapazität aus. Ausgleichende Gerechtigkeit!

Nun zu den Verhandlungen, bei denen Preis und Menge des Werkstoffs "Öko-Lack" festzulegen sind! Die Unternehmungen mit dem Werkstoffengpaß können einzeln oder in Kooperation mit denjenigen Firmen in Verhandlung treten, die über einen hinreichend großen Vorrat verfügen. Die nachfragenden Unternehmungen bekommen *keine* Information darüber, *von wem* sie den benötigten Öko-Lack beschaffen können. Diejenigen Unternehmungen, die einen großen Vorrat haben, ahnen also zu Anfang der 6. Periode noch nichts von ihrem Glück. Es ist interessant, das Rollenverhalten der Teilnehmer bei dieser asymmetrischen Informationsverteilung zu studieren. Anzumerken ist, daß die erzielten Preise für den Öko-Lack bei den verkaufenden Unternehmungen in voller Höhe gewinnwirksam sind.

```
Herr Heinz Lothar Grob!

die Teilnehmer sollten nun in aller Ruhe ihre Verhandlungen
über den Kauf bzw. Verkauf des Öko-Lacks führen!




Weiter? Bitte RETURN-Taste drücken!
```

Bei den Verhandlungen sollte für eine ungestörte Atmosphäre, also insbesondere unbelauschbare Gespräche, gesorgt werden. Der Reiz der Verhandlungsstrategie und -taktik steigt, wenn mehrere Runden stattfinden. Öko räumt die Möglichkeit ein, Verhandlungskosten in Abhängigkeit von den wahrgenommenen Runden abzurechnen. In diesem Fall hat der Moderator eine Tabelle zu führen, in der die Begegnungen zwischen den Verhandlungspartnern erfaßt werden. Bei der Abrechnung wird unterstellt, daß pro Verhandlung Kosten von 500 DM anfallen (z. B. für Reisekosten).

Es dürfte zu beobachten sein, daß die Verhandlungspartner auch ohne Kenntnis theoretisch richtiger Preisunter- und Preisobergrenzen mit gesundem Menschenverstand jeweils den Vorteil des Partners abschätzen werden, um angemessen zu partizipieren können.

Für die Verhandlung sollte der Moderator einen *spätesten* Endzeitpunkt vorgeben. Das *tatsächliche* Ende der Verhandlungen sollte er fünf Minuten vorher ankündigen, um auf diese Weise künstlich Streß zu erzeugen. Streß belebt!

Es liegt in der Hand des Moderators, ob in dieser letzten Spielperiode mit allen erdenklichen Verhandlungstricks gespielt werden darf oder ob davon auszugehen ist, daß die Unternehmungen weiter existieren und deshalb seriös kooperieren bzw. konkurrieren sollten. Spätestens bei der Schlußbesprechung sollte der Moderator darauf hinweisen, daß in der Praxis überwiegend wirtschaftsfriedliches Verhalten von Wettbewerbern zu beobachten ist - ob aus ethischen oder langfristig-ökonomischen Gründen sei dahingestellt.

Zur Vermeidung von Mißverständnissen sind die vertraglichen Vereinbarungen schriftlich abzuschließen. Wesentliche Bestandteile des Vertrages sind die Namen der Unternehmen,

6. Planspielperiode 117

Mengen und Preise sowie die Unterschriften der beiden Vertragspartner.

Denkbar ist auch, daß nach *japanischem Muster* jeweils ein einziges Gruppenmitglied die Verhandlung führt. Die beiden Kontrahenten sollten über Entscheidungsspielräume verfügen, die mit der Gruppe abzusprechen sind. Da nun aber jede Verhandlungsrunde zu zusätzlichen Kosten führt, besteht neben dem sozialen Druck der restlichen Gruppenmitglieder auch ein ökonomischer Zwang zu einer möglichst raschen Einigung, bei der Transaktionskosten gering gehalten werden. Bei dieser Variante sollte der Moderator unbedingt die Anzahl der Verhandlungsrunden registrieren.

Immer dann, wenn die Fronten verhärtet sind und die Gefahr besteht, daß überhaupt kein Vertragsabschluß zustande kommen könnte, sollte der Moderator geschickt intervenieren - um nicht zu sagen: manipulieren. Beispielsweise könnte er das Gerücht ausstreuen, die nachfragenden Unternehmungen würden ihren Bedarf sonst von "Dritten" zu einem noch unbekannten, aber "realistischen" Preis decken. Die letzte Spielperiode lebt schließlich von listigen Verhandlungstaktiken - und hierbei muß der Moderator im Notfall mitspielen.

```
Herr Heinz Lothar Grob!

Sobald die Verhandlungsergebnisse über die Preise und
Mengen des knappen Öko-Lacks eingegeben werden sollen -



                                  bitte RETURN-Taste drücken!
```

Ein Tip: Versammeln Sie die Sprecher beider Vertragspartner bei der Eingabe, um die Korrektheit der Daten offiziell bestätigen zu lassen. Die Eingabe ist vertraglich bindend.

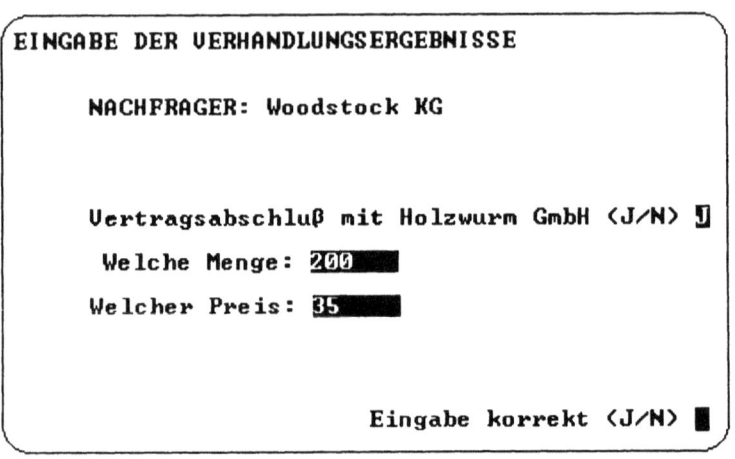

Nun können die Produktionsprogramme geplant und eingegeben werden. Der Planungsprozeß dürfte schnell vonstatten gehen, da bei den Preisverhandlungen sicherlich mit Eventualplänen gearbeitet worden ist.

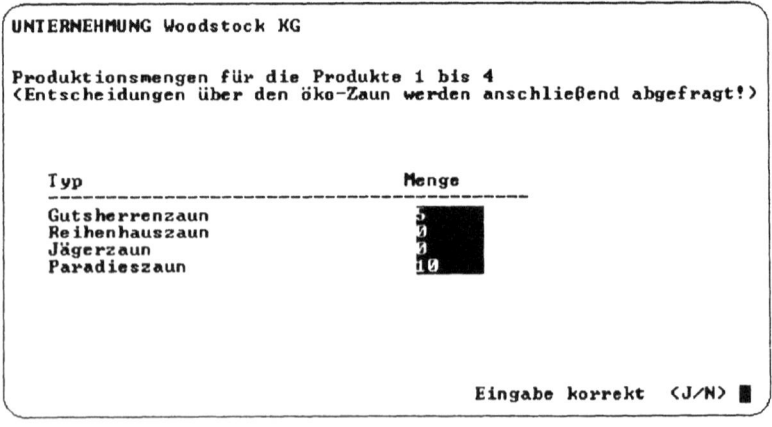

6. Planspielperiode

```
UNTERNEHMUNG Woodstock KG
    Entscheidungen über den   ö k o   -  Zaun

                 Preis: 360
        Produktionsmenge: 200

                    Eingabe korrekt (J/N) ■
```

Im letzten Moment!

```
UNTERNEHMUNG Woodstock KG

    Entscheidung über die Anschaffung des Filters

       Soll der Filter angeschafft werden (J/N) J


                    Eingabe korrekt (J/N) ■
```

Eine Anmerkung in eigener Sache

Unternehmungen, die noch keine Filter eingebaut haben, werden beim Planspiel Öko zum Schluß "gezwungen", zu investieren, um dem drohenden Bußgeld zu entgehen. Umweltsünder können auf keinen Fall "Sieger" werden - Öko hat eine eingebaute Moral.

Die letzte Betriebsergebnisrechnung wird sicherlich mit der größten Spannung erwartet. Bitte für Geheimhaltung sorgen, damit diese bis zur Schlußbesprechung erhalten bleibt.

```
Unternehmung

Woodstock KG

Deckungsbeitragsrechnung für Juli 1992:

Typ                     Stck    Preis    var.      Deckungs-
-----                                    Kosten    beitrag
Name                            (DM/St)  (DM/St)   (DM)

---------------------------------------------------------------

Gutsherrenzaun            5     250.00   150.00      500.00
Frh.v.Meckernich

Paradieszaun             10     300.00   160.00     1400.00
Diesseits von Eden

Öko-Zaun                200     360.00   195.00    33000.00
Greeny

---------------------------------------------------------------
Summe                                              34900.00
                                                   =========


Betriebsergebnis für Juli 1992:

              Deckungsbeitrag              34900.00
            - Fixkosten (Grundblock)       24375.00
            - Kapitaldienst Wanne            393.00
            - Kosten Filtereinbau           3000.00
            - Kapitaldienst Filter          1150.00
            - Verhandlungskosten            1000.00
            ----------------------------------------
              Gewinn                        4982.00
              =========================================
              kumulierter Gewinn           50131.00
              bis Juli 1992
              =========================================
```

6. Planspielperiode

Auch in das Moderator-Papier sollte keine Planspielgruppe blicken dürfen.

Auszug aus dem

MODERATOR - PAPIER

```
Abrechnung für den Monat Juli 1992:

6. Spielperiode
                                      ------------
                                      Unternehmung
                                        1      2
                                      ------------
.
.
.
DB-Summe                              34900   32750
- Fixkosten (Grundblock)              24375   26950
- Kapitaldienst Wanne                   393     355
- Kosten Filtereinbau                  3000       0
- Kapitaldienst Filter                 1150     958
- Verhandlungskosten                   1000    1000
+ Erlöse Öko-Lack                         0    7000
                                      ------------
Gewinn                                 4982   10487
                                      ------------
  Rang (Gewinn)                           2       1
                                      ------------
kumulierter Gewinn                    50131   52210
bis Juli 1992
                                      ------------
  Rang (kum.Gewinn)                       2       1
============================================
```

Unternehmung 2, die Holzwurm GmbH, hat gewonnen! Herzlichen Glückwunsch! Besonders erfreulich ist, daß die Holzwurm GmbH frühzeitig einen Filter eingebaut hat. Auch die nähere Nachbarschaft gehört zu den Stammkunden. Deshalb hat der Filter nicht nur zu Mehrkosten, sondern auch zu Mehrerlösen geführt - ein kleines Geheimnis des Öko-Modells, das bis zum Schluß gewahrt bleiben sollte.

6 Schlußbesprechung und Nachlese

Bei der *Schlußbesprechung* sollte die Rangfolge der Spielmannschaften aufgrund der kumulierten Gewinne bekannt gegeben werden. Einige humorvolle, ironische, ketzerische und/oder aufmunternde Worte des Moderators beleben die Schlußbesprechung natürlich. Auch sollte der Sieger *zuletzt* genannt werden. Er wird es schon etwas eher merken!

Bei Gelegenheit sind die vom PC erzeugten Zertifikate auszuhändigen. Um unnötige Wartezeiten zu vermeiden, sollten sie mit Unterschrift des Moderators nachgereicht werden.

Wenn die Planspielteilnehmer noch über genügend "Luft" verfügen, sollte der Moderator der Siegergruppe die Gelegenheit geben, ihr strategisches Konzept in bezug auf Ökologie und Ökonomie zu referieren. Das letzte Wort hat der Modertor. Es ist ein aufmunternder Trost für alle, die nicht den ersten Platz errungen haben:

"Der kumulierte Gewinn ist nur als operationales Hilfskriterium anzusehen, um den Planspielsieger zu bestimmen. Heimlicher Gewinner ist derjenige, der durch das Unternehmensplanspiel Öko am meisten dazugelernt hat."[1]

Denkbar ist auch, daß eine *Nachlese* stattfindet. Hierbei sollte zunächst den Planspielteilnehmern Gelegenheit gegeben werden, ihr Gruppenverhalten zu reflektieren. Dies kann in einem offenen Gespräch erfolgen, das der Moderator durch eine Reihe gezielter Fragen in Fluß halten kann, so z. B.:

---

[1] Wenn auch Sie, verehrter Moderator, das eine und/oder das andere Erfolgserlebnis bei der Vermittlung der Lerninhalte des Planspiels hatten, dann ist ein weiteres, nicht offiziell genanntes Ziel von Öko erreicht worden.

- Wie arbeitete die Gruppe bei der Behandlung analytischer Aufgabenstellungen? Ging sie arbeitsteilig vor? Wer gab das "Kommando"? Gab es aktive und passive Teilnehmer?

- Welche Rolle nahm der gewählte Gruppensprecher wahr? Gab es einen inoffiziellen Führer? Welche Rolle spielte er? Wer koordinierte die Gruppe?

- Wie liefen Entscheidungsprozesse ab? Wurde in Konfliktfällen demokratisch abgestimmt?

- Änderte sich die Mitarbeit einzelner Teilnehmer in Abhängigkeit von der Aufgabenstellung, also je nachdem, ob analytische, kreative oder ideologische Fragen zu behandeln waren? Wie wirkten sich Streßsituationen auf die Gruppenarbeit aus?

- Wirkte sich ein eventueller PC-Einsatz in den Planspielunternehmungen auf die Schnelligkeit der Entscheidungsfindung förderlich oder hemmend aus? Wie auf die Entscheidungsqualität?

In der nächsten Phase der Nachlese sollte der Moderator den Teilnehmern den Lernerfolg vor Augen führen, der durch das Unternehmensplanspiel Öko erreicht worden ist.

Zu Beginn des Planspiels dürften sich viele Teilnehmer - abgesehen von Oberstufenschülern an Wirtschaftsgymnasien, Studenten der Betriebswirtschaftslehre und ähnlichen "Spezialisten" - als betriebswirtschaftliche Laien eingeschätzt haben. Am Ende des Planspiels entpuppen sich die aktiven Spieler als "Experten", die Produktionsprogramme zur Erzielung möglichst hoher Deckungsbeiträge entwickeln konnten, die kurz- oder langfristige Entscheidungen trafen, die kreative Ideen generierten und werbewirksam zum Ausdruck brachten, die mit dem Geschick erfahrener Kaufleute ihre Verhandlungsposition voll ausreizten, ohne jemals etwas über verhandlungstheoretische Ansätze gehört zu haben usw. usw.

Das Unternehmensplanspiel Öko hat somit einen Eindruck vermittelt, welche Probleme in der Praxis gelöst werden müssen und dabei traditionelle und neuzeitige Lerninhalte der Betriebswirtschaftslehre präsentiert, die an Universitäten, Fachhochschulen und Akademien studiert werden kann. Vielleicht liefert Öko dadurch einen Beitrag zur besseren beruflichen oder studienmäßigen Orientierung von Hochschulaspiranten. Einige dürfte es vielleicht überrascht haben, daß in der Betriebswirtschaftslehre ein so großes Ausmaß an *analytischen* Fähigkeiten gefordert wird.

Das wichtigste Lernziel von Öko war es, Zusammenhänge zwischen ökonomischen und ökologischen Aspekten aus der Sicht einer mittelständischen Unternehmung näherzubringen. In der Anfangsphase war ein *Konflikt* zwischen ökonomischen und ökologischen Zielen verankert, der sich in der Frage äußerte, ob die Unternehmung freiwillig bereit ist, zur Reduzierung ihres Schadstoffausstoßes zusätzliche Kosten in Kauf zu nehmen. In der Schlußphase des Planspiels war zwischen ökonomischen und ökologischen Zielen insofern kein Zielkonflikt mehr vorhanden, als der Einbau eines Filters gesetzlich erzwungen wurde. Hier nahm der ökologische Aspekt den Rang einer externen Bedingung ein, deren Einhaltung durch den Staat kontrolliert wird. Spätestens bei dieser Gelegenheit dürfte deutlich geworden sein, daß es Situationen gibt, in denen der Staat Daten setzen muß, um Unternehmungen zu einem bestimmten (umweltfreundlichen) Verhalten anzuhalten. Daß darüber hinaus noch ein großer Freiraum bestehen bleibt, der umwelt-ethisches Verhalten der Unternehmer verlangt, ist offenkundig. Das neue Konzept "substainable Development", bei dem die Langfristigkeit im Sinne von Dauerhaftigkeit der Entwicklung hervorgehoben wird und dabei das ökologische Problem *weltweit* begreift, ist ohne Wertewandel und den Dialog ethischer Aspekte

Schlußbesprechung und Nachlese

nicht realisierbar. Daß Umweltschutz in diesem Zusammenhang eine marktwirtschaftliche Seite aufweisen kann, zeigte die Produktidee des "ökologischen" Zauns, bei dem anstelle einer umweltschädlichen Imprägnierung mit umweltfreundlichen Stoffen gearbeitet wurde. Eine in wachsendem Maße umweltbewußt werdende Verbraucherschaft honoriert derartige Produktideen, und zwar besonders dann, wenn sie mit qualitativ guter Werbung propagiert werden. Dies ist eine Chance für unsere belastete Umwelt - und gleichzeitig auch eine Chance für fortschrittliche Unternehmungen.

Öko dürfte verdeutlichen, daß im Marketingbereich - also insbesondere bei der Produktpolitik - ökologische Probleme nicht nur durch staatliche Eingriffe, sondern auch durch das freie Spiel der Kräfte im marktwirtschaftlichen System gelöst werden können. Im Produktionsbereich erscheint dagegen Gesetzgebung und staatliche Kontrolle unverzichtbar zu sein. Der Grundgedanke "so viel Freiheit wie möglich - so viel Staat wie nötig" muß also sehr differenziert diskutiert werden. Die Forderung nach Freiheit umschließt nicht nur die des *einzelnen*, sondern auch die Freiheit der *anderen*. Das Öko-Unternehmensplanspiel sollte einen kleinen Beitrag dazu leisten, die Sensibilität für ökonomische und ökologische Probleme zu steigern.

7 Ausbaumöglichkeiten

Das Unternehmensplanspiel Öko enthält nicht nur eine ökonomische und eine ökologische, sondern auch eine *informatische* Dimension. Alle drei Dimensionen des Planspiels sind ausbaufähig. Abschließend soll die Weiterentwicklung der informatischen Seite kurz angeregt werden.

Bei einer minimalen EDV-Ausstattung wird davon ausgegangen, daß der PC die Steuerung des Spiels, die ereignisorientierte Ausgabe von Dokumenten sowie die Abrechnung übernimmt. Zusätzlich ist in jeder Planspielgruppe ein PC-Einsatz sinnvoll. Die Arbeitsplätze können entweder als Stand-alone-Geräte mit eigenen (verschiedenartigen) Softwarewerkzeugen ausgestattet werden, oder es ist eine Vernetzung mit Zugriff auf eine zentral gehaltene Werkzeug- und Methodenbank vorzusehen. Auch eine Datenbank mit den für die einzelnen Planspielperioden relevanten Informationen könnte eingerichtet werden.

Zu den DV-Werkzeugen gehören insbesondere Standardprogramme zur Tabellenkalkulation und Textverarbeitung, während bei den Methoden ein Programm zur linearen Programmierung (z. B. impac) oder ein Suchverfahren (z. B. der Solver von Excel) verfügbar sein sollten.

Ein "dritter Weg" zwischen manueller und DV-gestützter Planung besteht im Einsatz sog. *Templates*, bei denen vorgefertigte Programme der Tabellenkalkulation die Entwicklungsarbeit ersparen, so daß sich die Planspielmannschaften auf die *Anwendung* konzentrieren können.

Vorstellbar ist auch, in jeder Planspielmannschaft würde jedes Mitglied über einen vernetzten PC verfügen, um Möglichkeiten von Gruppen-Entscheidungsunterstützungssystemen (-EUS) zu nutzen.

Der Einsatz von Gruppen-EUS ist heute noch relativ wenig verbreitet, indes ist vorstellbar, daß in geraumer Zeit ökonomische und ökologische Fragen mit Gruppen-EUS diskutiert werden. Gerade in einem so sensiblen Spannungsfeld, wie Ökonomie und Ökologie, sollten neuere DV-Systeme eingesetzt werden, die Gruppenarbeit effizienter machen, Spontaneität fördern und Anonymität garantieren. Die Anwendung von Gruppen-EUS in *Planspielen* könnte eine wichtige Vorstufe für die weitere Verbreitung dieser neuen Systeme computergestützter Entscheidungen sein.

Literaturempfehlungen

Albach, H. (Hrsg.), Betriebliches Umwelt Management, Wiesbaden 1990.

Balderjahn, I., Das umweltbewußte Konsumentenverhalten, Berlin 1986.

Binswanger, H. Chr., Bonus, H., Timmermann, H., Wirtschaft und Umwelt, Stuttgart u. a. 1981.

Bleicher, K., Das Konzept Integriertes Management, Frankfurt, New York 1991.

Bonus, H., Marktwirtschaftliche Instrumente des Umweltschutzes, Stuttgart 1984.

Brenken, D., Strategische Unternehmensführung und Ökologie, Schriftenreihe Planung, Information und Unternehmensführung, Bd. 21, Hrsg.: Szyperski, N. u. a., Bergisch Gladbach, Köln 1988.

Bruhn, M., Produkt 2000 - Produktionspolitik im Spannungsfeld zwischen Technologie und Ökologie, in: Marketing 2000: Perspektiven zwischen Theorie und Praxis, Hrsg.: Schwarz, Chr., Wiesbaden 1987, S. 15 - 33.

Burghold, J. A., Ökologisch orientiertes Marketing, Schriftenreihe Schwerpunkt Marketing der Universität Augsburg, Bd. 25, Hrsg.: Meyer, P. W., Augsburg 1988.

Dichtl, E., Ökorationalität: Gebot der Vernunft oder Geschäft der Stunde, in: WiSt, 20. Jg. 1991, S. 269.

Dyllick, Th., Management der Umweltbeziehungen, Wiesbaden 1989.

Endres, A., Wirtschaftspolitische Instrumente, in: Umweltschutz zwischen Staat und Markt, Hrsg.: Donner, H., Magoulas, G., Simon, J., Wolf, R., Baden-Baden 1989, S. 269 - 287.

Freimann, J. (Hrsg.), Ökologische Herausforderungen der Betriebswirtschaftslehre, Wiesbaden 1990.

Frey, B. S., Umweltökonomie, 2. Aufl., Göttingen 1985.

Jonas, Hans, Das Prinzip Verantwortung, Versuch einer Ethik für die technologische Zivilisation, Frankfurt 1989.

Kirchgeorg, M., Ökologieorientiertes Unternehmensverhalten. Typologien und Erklärungsansätze auf empirischer Grundlage, Band 24 der Schriftenreihe Unternehmensführung und Marketing, Hrsg.: Meffert, H., Steffenhagen, H., Freter, H., Wiesbaden 1990.

Meffert, H., Strategisches Ökologiemanagement, in: Ökologie-Management als strategischer Wettbewerbsfaktor, Hrsg.: Coenenberg, A. G. u. a., Stuttgart 1991.

Meffert, H., Benkenstein, M., Schubert F., Umweltschutz und Unternehmensverhalten, in: Harvard Manager, 1987, Nr. 2, S. 32 - 39.

Meffert, H., Kirchgeorg, M., Marktorientiertes Umweltmanagement, Stuttgart 1992.

Oberholz, R., Umweltorientierte Unternehmensführung, Notwendigkeit, Einführung, Erfolge, Frankfurt 1989.

Literaturempfehlungen

Picot, A., Betriebswirtschaftliche Umweltbeziehungen und Umweltinformationen, Berlin 1977.

Simonis, U. E. (Hrsg.), Ökonomie und Ökologie - Auswege aus einem Konflikt, 5. Aufl., Karlsruhe 1988.

Strebel, H., Umwelt und Betriebswirtschaft - Die natürliche Umwelt als Gegenstand der Unternehmerpolitik, Berlin 1980.

Terhart, K., Die Befolgung von Umweltschutzauflagen als betriebswirtschaftliches Entscheidungsproblem, Schriftenreihe zur wirtschaftswissenschaftlichen Analyse des Rechts, Hrsg.: Grossekettler, H. u. a., Bd. 1, Berlin 1986.

Töpfer, A., Umwelt- und Benutzerfreundlichkeit von Produkten als strategische Unternehmensziele, in: Marketing ZFP, 7. Jg. 1985, Nr. 4, S. 241 - 251.

Vester, F., Ausfahrt Zukunft, 4. Aufl., München 1990.

Wagner, G. R. (Hrsg.), Unternehmung und ökologische Umwelt, München 1990.

Wicke, L., Umweltökonomie, 3. Aufl., München 1991.

Anhang

mit Kopien

für das Öko-Unternehmensplanspiel

Die folgenden Seiten dienen als Kopierunterlage zur Erstellung von Arbeitsmaterialien für die Öko-Veranstaltung.

Vorbereitende Fallstudie

Liebe Geschäftsführer in spe!

Wenn Sie die folgende Aufgabe richtig gelöst haben und wenn Ihnen die wichtigsten Grundbegriffe, wie Preis, Umsatz, variable Kosten, fixe Kosten, Deckungsbeitrag, Deckungsspanne, Gewinn, Produktionskoeffizient, Beschäftigung, Kapazität und Beschäftigungsgrad geläufig sind, fällt Ihnen der Einstieg in das Unternehmensplanspiel Öko erheblich leichter.

Aufgabe

Im letzten Monat sind die folgenden Produktionsmengen hergestellt und abgesetzt worden:

Produkt 1	180 Stck
Produkt 2	100 Stck
Produkt 3	110 Stck
Produkt 4	20 Stck

Weitere Daten gehen aus den drei folgenden Tabellen hervor:

Produkt	Preis [DM/Stck]	variable Stückkosten [DM/Stck]	Deckungsbeitrag pro Stck [DM/Stck]
1	250	150	100
2	120	70	50
3	170	110	60
4	300	160	140

Tab. 1: Preise, variable Stückkosten und Deckungsspanne je Produkt im Planungsmonat

Fertigungsstufe	Kapazität [Std]
1	720
2	1230
3	810

Tab. 2: Kapazitäten im Planungsmonat

Fertigungsstufe \ Produkte	1	2	3	4
1	2	1	1	2
2	3	2	3	3
3	1	1	4	2

Tab. 3: Produktionskoeffizienten [Std/Stck]

Beantworten Sie bitte die folgenden drei Fragen:

1. Frage: Wie hoch ist der Deckungsbeitrag?

2. Frage: Wie hoch ist die Kapazitätsauslastung - ausgedrückt durch die Beschäftigungsgrade der Fertigungsstufen?

3. Frage: Wie viele Mengeneinheiten hätten vom 1. Produkt maximal hergestellt werden können, wenn ausschließlich dieses produziert werden sollte.

Vorbereitende Fallstudie

Lösung

zur 1. Frage:

Produkt	Stck	Preis [DM/Stck]	variable Kosten [DM/Stck]	Umsatz [DM]	variable Kosten [DM]	Deckungs- beitrag [DM]	Deckungs- spanne [DM/Stck]
1	180	250	150	45000	27000	18000	100
2	100	120	70	12000	7000	5000	50
3	110	170	110	18700	12100	6600	60
4	20	300	160	6000	3200	2800	140
				81700	49300	32400	

- Fixkosten   25750

Gewinn[1]   6650

Tab. 4: Gewinnermittlung

---

[1] Mit dem Begriff "Gewinn" ist der *kalkulatorische Gewinn* der Leistungs- und Kostenrechnung, also das Betriebsergebnis gemeint.

Vorbereitende Fallstudie 4

zur 2. Frage:

	Fertigungsstufe		
	1	2	3
Kapazität [Std]	720	1230	810
Beschäftigung [Std]			
Produkt 1	360	540	180
Produkt 2	100	200	100
Produkt 3	110	330	440
Produkt 4	40	60	40
Beschäftigung [Std]	610	1130	760
Leerzeit [Std]	110	100	50
Beschäftigungsgrad [%]	85	92	94

Tab. 5: Kapazitätsauslastung

Für jede Fertigungsstufe gilt:

Kapazität - Beschäftigung = Leerzeit [Std]

$$\frac{\text{Beschäftigung}}{\text{Kapazität}} \cdot 100 = \text{Beschäftigungsgrad [\%]}$$

Vorbereitende Fallstudie

zur 3. Frage:

Fertigungs-stufe	Kapazität [Std]	Produktions-koeffizient [Std/Stck]	max. Menge je Fertigungsstufe [Stck]	Bemer-kung
1	720	2	360	Engpaß
2	1230	3	410	
3	810	1	810	

Engpaßplanung

Wegen des Engpasses in der Fertigungsstufe 1 beträgt die maximale Produktionsmenge von Produkt 1   360 Stück.

Glossar

Die *Deckungsspanne* stellt den Überschuß des Preises über die variablen Stückkosten dar.

Unter den *variablen Stückkosten* sind diejenigen Kosten zu verstehen, die sich in Abhängigkeit von der Produktionsmenge verändern.

Fixe Kosten sind diejenigen Kosten, die unabhängig von der Produktionsmenge anfallen. Fixe Kosten sind kurzfristig nicht entscheidungsrelevant.

Der *Umsatz* bezeichnet das Produkt von Absatzmenge und Verkaufspreis.

Der *Deckungsbeitrag* ist die Differenz von Umsatz und variablen Kosten.

Der kalkulatorische *Gewinn* ist die Differenz von Deckungsbeitrag und fixen Kosten. Der Gewinnbegriff ist nicht mit dem Begriff des offiziellen Rechnungswesens identisch, in dem die Bilanz und Gewinn- und Verlustrechnung erstellt wird. Vielmehr ist eine kalkulatorische Größe gemeint, die auch als Betriebsergebnis bezeichnet wird.

Der *relative Deckungsbeitrag* kennzeichnet das Verhältnis von Deckungsspanne und Produktionskoeffizient und gibt an, wie hoch der Deckungsbeitrag eines Produktes pro Kapazitätseinheit in der betrachteten Produktionsstufe ist, z. B. der Deckungsbeitrag pro Stunde.

Der *Produktionskoeffizient* ist eine Maßzahl für den Verbrauch eines Produktionsfaktors, der zur Herstellung *einer* Mengeneinheit eines bestimmten Gutes benötigt wird, z. B. Fertigungsstunden pro Stück.

Glossar

Die *Kapazität* umfaßt das in Zeiteinheiten (hier: Stunden) ausgedrückte Nutzungspotential einer Fertigungsstufe.

Unter *Beschäftigung* wird die zeitliche Beanspruchung einer Fertigungsstufe in der Planungs- oder Abrechnungsperiode verstanden.

Der *Beschäftigungsgrad* ist das Verhältnis von Beschäftigung und Kapazität.

Anmerkung

Bei den Begriffen variable Kosten, Umsatz, Deckungsbeitrag und kalkulatorischer Gewinn ist es sehr wichtig, auf die richtige Dimension zu achten. So ist beispielsweise zwischen den variablen Kosten pro Stück und den variablen Kosten eines Produktes in der betrachteten Periode bzw. den variablen Kosten sämtlicher Produkte der Periode zu unterscheiden. Ähnliches gilt für Umsatz, Deckungsbeitrag und kalkulatorischen Gewinn.

Die Ausgangssituation

Die von Ihnen zu leitende Unternehmung hat sich darauf spezialisiert, Holzzäune herzustellen und diese an Händler für Baustoff- und Heimwerkerbedarf zu vertreiben.

Zum Produktionsprogramm gehören die folgenden Zaunarten:

1	Gutsherrenzaun	Freiherr von Meckernich
2	Reihenhauszaun	Trautes Heim
3	Jägerzaun	Waidmannsheil
4	Paradieszaun	Diesseits von Eden

Der Produktionsprozeß umfaßt drei Fertigungsstufen, die nacheinander zu durchlaufen sind. In der *ersten Stufe*, der Sägerei, werden Bretter und Pfosten auf die entsprechenden Längen gesägt. In der *zweiten Stufe*, der Montage, werden aus den Einzelteilen die Zaunelemente hergestellt und in der *dritten Stufe*, der Imprägnierung, werden die Zaunelemente zur Erhöhung ihrer Lebensdauer imprägniert.

Die für den nächsten Monat zur Verfügung stehenden Kapazitäten gehen aus der folgenden Tabelle hervor:

Fertigungsstufe	Kapazität [Std]
1 Sägerei	720
2 Montage	1230
3 Imprägnierung	810

Die Zaunarten belasten die Fertigungsstufen in unterschiedlicher Weise. Eine Übersicht über die Bearbeitungszeiten pro Stück geht aus der folgenden Tabelle hervor:

Die Ausgangssituation

Fertigungsstufe	Produkte			
	1	2	3	4
1	2	1	1	2
2	3	2	3	3
3	1	1	4	2

Produktionskoeffizienten [Std/Stck]

Die Herstellkosten setzen sich aus Materialkosten und Fertigungskosten zusammen. Die Materialkosten umfassen sowohl den mit Materialpreisen bewerteten Verbrauch an Holz, Imprägnierstoffen als auch den Einsatz von Hilfsmaterial, wie z. B. verzinkten Schrauben und Nägeln.

Die Fertigungskosten resultieren aus folgender Kalkulation, die hier als *Hintergrundinformation* aufgeführt werden soll:

Fertigungszeit in der Fertigungsstufe Sägerei · Maschinenstundensatz der Sägerei
+ Fertigungszeit in der Fertigungsstufe Montage · Maschinenstundensatz in der Montage
+ Fertigungszeit in der Fertigungsstufe Imprägnierung · Maschinenstundensatz der Imprägnierung
= Fertigungskosten [Std/Stck]

Unabhängig von der Produktionsmenge fallen im kommenden Monat 25 750 DM an fixen Kosten an.

Die Ausgangssituation

Die variablen Kosten pro Element, die sich aus den Fertigungs- und den Materialkosten zusammensetzen, sind der unten stehenden Tabelle zu entnehmen:

Produkt	variable Kosten pro Stck [DM/Stck]
1	150
2	70
3	110
4	160

Soweit zur Kosten- und Kapazitätssituation Ihrer Unternehmung!

Ihre Unternehmung hatte sich vor einigen Monaten entschieden, eine enge Beziehung mit dem bundesweit bekannten Baubedarfs- und Heimwerkerhändler HELP YOURSELF einzugehen. Zwischen Ihrer Unternehmung und HELP YOURSELF wurde ein Rahmenvertrag über die Lieferung von Zaunelementen abgeschlossen. Die Laufzeit des Rahmenvertrages erstreckt sich über die gesamte Spielzeit des Planspiels.

Der Vertrag sieht vor, daß HELP YOURSELF monatlich folgende Mengen zu festen Preisen abnimmt:

Die Ausgangssituation

Produkt	garantierte Absatzmenge [Stck]	Preis pro Element [DM/Stck]
1	150	250
2	70	120
3	80	170
4	10	300

Darüber hinaus war bei der Aushandlung des Rahmenvertrages in Aussicht gestellt worden, daß HELP YOURSELF je nach Bedarf weitere Mengen in Auftrag gibt: den sog. *Zusatzauftrag*.

Dieser Zusatzauftrag von HELP YOURSELF sorgte in der Vergangenheit für eine zufriedenstellende Auslastung der Kapazitäten und für eine als erfreulich zu bezeichnende Gewinnsituation. Insgesamt kann gesagt werden, daß die Geschäftsbeziehung zu HELP YOURSELF als Grundlage des Erfolges Ihrer Unternehmung angesehen wird. Ihre Unternehmung befindet sich seit einem Jahr in einer anhaltend guten Ertragssituation. Arbeitsplätze sind nicht gefährdet. Aufgrund der vergangenen Entwicklung darf die Geschäftsleitung Ihrer Unternehmung mit Optimismus in die Zukunft blicken.

Und nun: Beginnen Sie bitte mit der Planung Ihres Produktionsprogrammes. Stellen Sie zu diesem Zweck zunächst einmal die Inanspruchnahme der Kapazitäten durch die Herstellung von Mindestmengen für HELP YOURSELF fest. Die Restkapazität kann dann für den erwarteten *Zusatzauftrag* von HELP YOURSELF eingesetzt werden. Der Auftrag könnte jeden Moment - pardon! - jeden Tag eintreffen.

Investitionsentscheidung

Informationen zur Investitionsentscheidung

Die Geschäftsleitung der Planspielunternehmung hat vielleicht festgestellt, daß die Fertigungsstufe Imprägnierung als Engpaß anzusehen ist. Sie mußte auf Gewinn verzichten, weil sie die Nachfrage nicht voll befriedigen konnte. Vor diesem Hintergrund ist das Angebot der Firma WANNEN & PUMPEN zur Ausweitung der Kapazität in der Imprägnierung besonders interessant. Die Erweiterung der Kapazität in der Imprägnierung führt zu einer einmaligen Anschaffungsauszahlung von 20 000 DM. Die Mehrwertsteuer ist als durchlaufender Posten für die Erfolgsrechnung irrelevant. Für die kurzfristige Erfolgsrechnung resultiert daraus eine Erhöhung der Abschreibungen und der kalkulatorischen Zinsen. Bei einer Nutzungsdauer von 5 Jahren, einem Schrotterlös von 2 000 DM und einem Zinsfuß von 6 % ergeben sich folgende zusätzliche Abschreibungen bzw. kalkulatorische Zinsen.

$$\text{Abschreibungen} = \frac{20\,000 - 2\,000}{5} = 3\,600 \text{ [DM/Jahr]}$$

$$\text{Kalkulatorische Zinsen} = \frac{20\,000 + 2\,000}{2} \cdot 0{,}06$$

$$= 660 \text{ [DM/Jahr]}$$

Die monatlichen Mehrkosten betragen

$$\frac{3\,600 + 660}{12} = 355 \text{ [DM/Monat]}$$

Die Kapazität der Imprägnierung steigt durch die Investition um 200 Stunden pro Monat.

Musterlösung

Produktionsprogrammplanung bei begrenzter Kapazität

Die Produktionsprogrammplanung erfolgt in mehreren Schritten. Zunächst ist festzustellen, wie hoch die Restkapazität nach Herstellung der Mindestmengen für HELP YOURSELF ist. Bei der Berechnung der Restkapazitäten sind die in der Spielbeschreibung zur ersten Periode aufgeführten Fertigungszeiten pro Stück ("Produktionskoeffizienten") zur Berechnung der Beschäftigung heranzuziehen.

Fertigungsstufe	1	2	3
Kapazität [Std]	720	1230	810
Fertigungszeit [Std]			
Zauntyp			
1	300	450	150
2	70	140	70
3	80	240	320
4	20	30	20
Beschäftigung [Std]	470	860	560
Restkapazität [Std]	250	370	250

Beispiel

Die Produktion von Produkt 1 beträgt 150 Stück. Da sich der Produktionskoeffizient des Produktes 1 in der ersten Fertigungsstufe auf 2 [Std/Stck] beläuft, ist die entsprechende Kapazitätsbeanspruchung (Beschäftigung) in der Abrechnungsperiode 300 Stunden.

Der Kapazitätsbedarf des Zusatzauftrages von HELP YOURSELF geht aus der folgenden Tabelle hervor:

Musterlösung 2

Fertigungsstufe	1	2	3
Zauntyp Nachfrage [Stck]			
1	50	100	150	50
2	40	40	80	40
3	120	120	360	480
4	10	20	30	20
Kapazitätsbedarf [Std]	280	620	590

Wie man sieht, übersteigt der Kapazitätsbedarf für den Zusatzauftrag die Restkapazität in allen Fertigungsstufen. Deshalb kann er nicht vollständig erfüllt werden. Die Frage ist, *welche Zauntypen in geringerer Anzahl produziert werden sollen*. Maßgeblich für die Entscheidung ist nicht etwa der *absolute* Deckungsbeitrag pro Stück, sondern der sog. *relative* Deckungsbeitrag, das ist der Deckungsbeitrag pro Engpaßeinheit mit der Dimension [DM/Stck]. Der relative Deckungsbeitrag ergibt sich also als Quotient von Deckungsspanne und Produktionskoeffizient. Engpaß ist - wie sich durch Alternativrechnungen feststellen läßt - die Fertigungsstufe *Imprägnierung*. Die relativen Deckungsbeiträge in bezug auf die Imprägnierung betragen:

Zauntyp	relativer Deckungsbeitrag [DM/Std]
1	(250 - 150) / 1 = 100
2	(120 - 70) / 1 = 50
3	(170 - 110) / 4 = 15
4	(300 - 160) / 2 = 70

Musterlösung 3

Die Rangfolge der Produkte nach Maßgabe der relativen Deckungsbeiträge lautet:

Rang	Zauntyp
1	1
2	4
3	2
4	3

Zur gewinnmaximalen Produktionsprogrammplanung ist zunächst der rangerste Zauntyp in Höhe der maximalen Nachfragemenge zu produzieren. Dann kommt der zweitbeste Zauntyp ins Programm. Schließlich wird die verbleibende Kapazität mit dem drittbesten Produkt so ausgelastet, daß die letzte freie Zeiteinheit genutzt wird.

	Std
Verfügbare Kapazität der Imprägnierung	250
Typ 1 50 [Stck] · 1 [Std/Stck]	-50
	200
Typ 4 10 [Stck] · 2 [Std/Stck]	-20
	180
Typ 2 40 [Stck] · 1 [Std/Stck]	-40
restliche Kapazität	140

Mit der restlichen Kapazität können 35 Elemente des Zauntyps 3 hergestellt werden; denn 140 [Std] / [3 Std/Stck] = 35 [Stck].

Musterlösung 4

Das optimale Produktionsprogramm der ersten Spielperiode lautet somit:

Zaun-typ	Normalauftrag	Zusatzauftrag	Σ
1	150	50	200
2	70	40	110
3	80	35	115
4	10	10	20

Filteranlage 1

Informationen über Kosten und Lieferbedingungen der Filteranlage

Die Filteranlage zur Verhinderung der Luftverschmutzung kostet 50 000 DM. Die wirtschaftliche Nutzungsdauer der Filteranlage wird auf 5 Jahre eingeschätzt.

Der Kapitaldienst, der den monatlichen Gewinn mindert, berechnet sich wie folgt:

Kapitaldienst = Abschreibungen + kalkulatorische Zinsen

Abschreibungen = Anschaffungsausgabe/Abschreibungsdauer

kalkulatorische Zinsen =

$$\frac{\text{Anschaffungsausgabe}}{2} \cdot \text{Kalkulationszinsfuß}$$

$$\text{Kapitaldienst} = \frac{50000}{5} + \frac{50000}{2} \cdot 0{,}06 = 11\,500\ [\text{DM/Jahr}]$$

Monatlich ist folglich mit Mehrkosten in Höhe von 11500/12 = 958 DM zu rechnen, sobald die Filteranlage installiert ist.

Die Kosten fallen erstmalig in der 3. Periode an. Neben den monatlich anfallenden Kosten des Kapitaldienstes fallen *einmalige* Kosten in Höhe von 7 000 DM an, die im Zusammenhang mit der Installation des Filters entstehen. Falls der Filter *später* eingebaut wird, ist mit wesentlich niedrigeren Einbaukosten zu rechnen.

Bewertungskonzept für für die Jury

Die erste Aufgabe der Jury besteht darin, die Werbung für den neuen Zaun zu bewerten, die zweite Aufgabe betrifft die Bewertung der Firmendarstellung bei der Pressekonferenz. Für jeden Aufgabentyp ist eine Note zu vergeben.

Da die Bewertung der Werbung nicht pauschal, sondern detailliert erfolgen sollte, ist zunächst für jeden Aufgabenbereich innerhalb der Jury eine Kriterienhierarchie zu vereinbaren. Ein Hinweis auf die Analogie zu den Bewertungskriterien des Deutschlehrers bei der Beurteilung von Aufsätzen (Inhalt, Form, Ausdruck, Aussage, früher auch: Schrift) oder zu den Produktbewertungen bei der "Stiftung Warentest" dürften helfen, die Aufgabe besser zu verstehen.

Die unten dargestellten Kriterienhierarchien sind nur als Beispiele zu verstehen, die dann verwendet werden sollten, wenn die Jury keinen eigenen Entwurf entwickeln möchte. Auch besteht die Möglichkeit, die Beispiele als *Muster* vorzugeben, das von der Jury abzuwandeln ist.

Im folgenden wird ein Beispiel zur Beurteilung der Qualität der Marketingmaßnahmen für den Öko-Zaun dargestellt.

Beispiel

Qualität der Marketingmaßnahmen für den Öko-Zaun

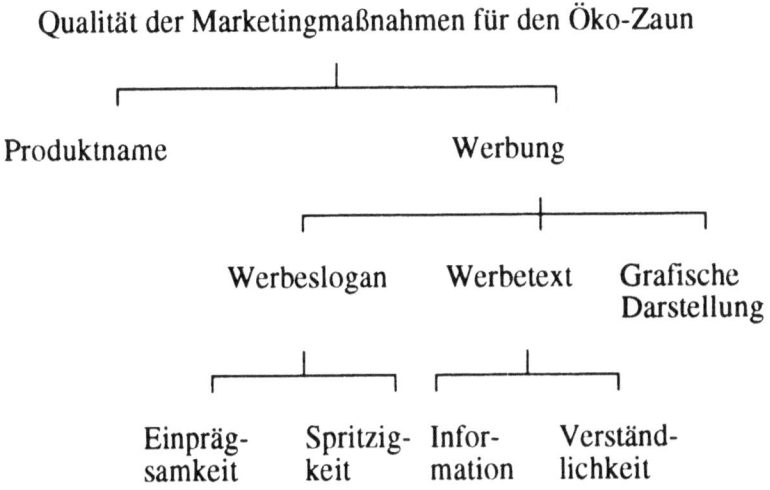

Die Kriterien müssen anschließend mit Kriteriengewichten, aus denen die von der Jury subjektiv empfundene Bedeutung hervorgeht, versehen werden. Die Summe der Kriteriengewichte ist auf der obersten Hierarchieebene sowie bei jedem Unterkriterium gleich eins. Dies kann in der folgenden Abbildung nachvollzogen werden.

Beispiel

Qualität der Marketingmaßnahmen für den Öko-Zaun

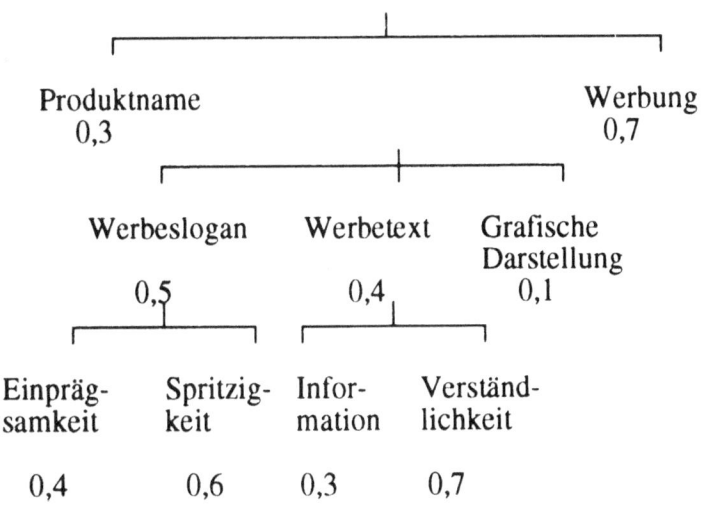

Selbst wenn die hier als Beispiel dargestellte Kriterienhierarchie von der Jury unverändert übernommen wird - bei den Kriterien*gewichten* sollte sie ihre eigene Einschätzung autonom zum Ausdruck bringen. Wichtig ist, daß diese Vorarbeiten abgeschlossen sind, wenn die Entwürfe der Unternehmungen der Jury eingereicht werden.

Die Planspielpraxis hat bewiesen, daß die Jury so viel Eigenleben entwickelt, daß eine Zuordnung der Anzeigen auf die Unternehmungen zum Zweck der Anonymisierung nicht verschlüsselt werden muß.

Die Entwürfe der Spielmannschaften sind nun detailliert nach den von der Jury festgelegten Kriterien zu bewerten. Hierbei ist für jedes Kriterium der untersten Ebene eine Teilnote zu vergeben.

Als Bewertungsschema gelten die Schulnoten:

1 = sehr gut
2 = gut
3 = befriedigend
4 = ausreichend
5 = mangelhaft

Auch gebrochene Teilnoten, wie z. B. 1,5 oder 4,67 können von der Jury vergeben werden.

Anzuregen ist, daß bei der Bewertung nicht unbedingt die volle Notenskala ausgenutzt werden sollte, damit das Planspiel nicht zu sehr an den Ernstfall "Schule" erinnert.

Beispiel

Kriterien	Note
Produktname	2
Einprägsamkeit des Werbeslogans	3
Spritzigkeit des Werbeslogans	4
Information des Werbetextes	2
Verständlichkeit des Werbetextes	2
Grafische Gestaltung	3

In der letzten Phase der Bewertung erfolgt eine Verdichtung zu einer Gesamtnote. Hierbei sind die Kriteriengewichte der einzelnen Stufen der Hierarchie zu berücksichtigen. Die Gesamtnote ist nichts anderes als ein gewogenes arithmetisches Mittel der einzelnen Teilnoten.

Bewertungskonzept für die Jury

Beispiel zur Ermittlung der Gesamtnote für die Produktwerbung:

$0,3 \cdot 2 + 0,7 \cdot 0,5 \cdot 0,4 \cdot 3 + 0,7 \cdot 0,5 \cdot 0,6 \cdot 4 + 0,7 \cdot 0,4 \cdot 0,3 \cdot 2 + 0,7 \cdot 0,4 \cdot 2 + 0,7 \cdot 0,1 \cdot 3 = 2,69$

Die Jury sollte vor der nächsten Aktivität - einer Pressekonferenz - ihre Notenvergabe bekanntgeben und kurz begründen (wenn möglich, mit einem Schuß Humor!). Bei dieser Gelegenheit könnten die zur Pressekonferenz versammelten Sprecher ihre *Werbeslogans* vorgetragen.

Die Eingabe der Noten in den PC findet *nach* der Pressekonferenz statt.

Softwarelösungen
– als effizientes Arbeitsmittel oder hilfreicher Ratgeber

① **Geldanlage-Software für den privaten/geschäftlichen Bereich**
– Ihr Ratgeber in Sachen Geldanlage –
- ❏ Geldanlage und Steuern

- ❏ Finanzierungsvergleich Kredit und Leasing
- ❏ Dynamische Wirtschaftlichkeitsberechnung
- ❏ Bilanzanalyse nach den neuen EG-Richtlinien
- ❏ Sybila – Informationssystem auf der Basis betrieblicher Kennzahlen
- ❏ Strategisch planen und managen
- ❏ Statistische Analyse und Prognose

② **Business Software für den geschäftlichen Bereich**
– Profi-Lösungen für den Wirtschaftspraktiker –
- ❏ Wechselkursmanagement unter Lotus 1-2-3
- ❏ FES-Früherkennungssystem mit finanzwirtschaftlicher Orientierung
- ❏ Liquiditätsplanung
- ❏ Investitionsplanung
- ❏ Baufinanzierung

③ **PC-Ware von Gabler**
– Umfassende Speziallösungen für den geschäftlichen Bereich –
- ❏ Immobilienleasing unter Lotus 1-2-3 (deutsche Version)
- ❏ NeuroChart – Kursprognosenprogramm
- ❏ FEK-Früherkennungssystem zu Absatzkreditrisiken
- ❏ Budgetmaster

Moderne Wissens- und Informationsvermittlung

① **Videos (VHS)**
- ❏ Deutsche Terminbörse
- ❏ Entscheidung über Investitionen
- ❏ Just in time
- ❏ Wirtschaftsmathematik
- ❏ Unternehmenskultur I + II
- ❏ Ablauf einer Marktforschungsstudie
- ❏ Lagrange Methode
- ❏ Telekolleg Rechnungswesen*
- ❏ Telekolleg BWL*

② **CD-ROM**
– Lexika-Datenbanken auf CD-ROM –
- ❏ Wirtschaftslexikon

Interaktives Lernen in Aus- und Weiterbildung

① Computer-Based-Training Programme (CBT)
– lernen ohne Buch –

- ❑ Buchführung für Anfänger
- ❑ Kosten- und Erlösrechnung

- ❑ Grundlagen Marketing
- ❑ Grundlagen der Organisation
- ❑ Grundlagen des betriebl. Rechnungswesens
- ❑ Grundlagen der Bilanz und der G+V
- ❑ Kostenrechnung leicht gemacht
- ❑ Wirtschaftsmodelle erkennen, verstehen, erleben
- ❑ Wirtschaftskreisläufe nachvollziehen
- ❑ Volkswirtschaft erkennen, verstehen und erleben
- ❑ Marktwirtschaft erkennen, verstehen und erleben
- ❑ Unternehmen richtig organisieren

- ❑ Zielgerichtet managen
- ❑ Effizient Zeit nutzen
- ❑ Kostenbewußt kommunizieren
- ❑ Denken, Lernen, Behalten

- ❑ MS-DOS 4.01
- ❑ CPU-Simulation

10 Module „Allgemeine Wirtschaftslehre" nach IHK-Richtlinie

- ❑ Investition und Finanzierung
- ❑ Rechtliche Grundlagen des Wirtschaftens
- ❑ Die betriebliche Produktion
- ❑ Marketing
- ❑ Materialwirtschaft
- ❑ Grundlagen der Wirtschaftsordnung
- ❑ Organisation und Führung im Betrieb
- ❑ Buchführung
- ❑ Kosten- und Leistungsrechnung
- ❑ Die menschliche Arbeit im Betrieb

② Computer-Assisted-Training (CAT)
– Prüfungsvorbereitung ohne Buch –

- ❑ Jahres- und Konzernabschluß

③ Computer Assisted Learning (CAL) Reihe „BWL-Interaktiv"
– lernen mit Buch und Programm –

- ❑ Marketing*
- ❑ Wirtschaftsinformatik*
- ❑ Personalmanagement*
- ❑ Organisation*
- ❑ Bilanzierung*
- ❑ Finanzierung*
- ❑ Produktion*
- ❑ Rechtliche Rahmenbedingungen*
- ❑ Unternehmensführung*

---

* Lernsoftware- und Video-Programme mit ausführlichem Begleitbuch. Für Schulungsmaßnahmen ist das Begleitbuch auch einzeln erhältlich.

Serviceangebot – Serviceangebot – Serviceangebot
Unser Anspruch: zufriedene Kunden

Lieber Gabler-Kunde,

wir wünschen Ihnen mit dem erworbenen Programm viel Freude.

Das dem Programm beiliegende schriftliche Begleitmaterial gibt Ihnen Informationen zur problemlosen Installation.

Im Rahmen unseres Kundendienstes bieten wir Ihnen neben den Installationsanweisungen eine Möglichkeit, sich telefonisch über unser

Servicetelefon Nr. 06 11/5 34-1 27

bei auftretenden Problemen Rat einzuholen. Tägliche Beratungszeit zwischen 10.00 und 11.00 Uhr.

Zur schnelleren Bearbeitung Ihrer Fragen bitten wir Sie, uns über die Hardware- und Softwarevoraussetzungen Ihres Einsatzgerätes zu informieren:

- Welchen Rechner verwenden Sie?
- Welche Grafikkarte verwenden Sie?
- Welche Laufwerke besitzt Ihr Rechner?
- Welches Betriebssystem mit welcher Versions-Nummer haben Sie installiert?

Wünschen Sie weitere kostenlose Informationen zu unseren Programmen? Bestellen Sie diese mit dem Informationscoupon auf der letzten Seite.

Mit freundlichen Grüßen
Ihr Gabler Verlag
Marketing und Vertrieb
NEUE MEDIEN

Harald Lambrich

❏ Hiermit fordere ich kostenlos und unverbindlich Informationsunterlagen zu:

    ❏ CBT/CAL/CAT
    ❏ Anwendersoftware
    ❏ Videos/CD ROM an.

❏ Hiermit bestelle ich folgendes Programm:

_____

_____

Bei Software bitte Diskettengröße angeben!

    ❏ 3,5 Zoll   ❏ 5,25 Zoll

Gabler Verlag
Herr Lambrich

Taunusstraße 54   Telefon: 06 11/5 34-1 27
D-6200 Wiesbaden   Telefax: 06 11/5 34-4 00

Name: _____

Firma: _____

Straße: _____

PLZ/Ort: _____

Telefon: _____

GABLER